Découvertes

2

Verbenlernheft

von
Marilou Garon

Ernst Klett Verlag
Stuttgart · Leipzig

VORWORT

Verben lernen mit dem Verbenlernheft

Dieses Verbenlernheft im Taschenformat soll dir dabei helfen, die Verben von *Découvertes* zu wiederholen. Du kannst in Pausen oder im Bus kleine Übungen zu den Verben machen oder Verbformen nachschlagen, die dir gerade nicht mehr einfallen.
Am Anfang jeder *Leçon* findest du eine Auflistung aller Verben, die hier vorkommen. Die Zahl (**N°**)in der rechten Spalte gibt dir an, in welcher Verbtabelle im Mittelteil des Heftes du die gesuchte Verbform findest.
Willst du unabhängig von einer *Leçon* eine Verbform nachschlagen, hilft dir die alphabetische Verbenliste am Ende des Verbenlernheftes weiter. Hier findest du ebenfalls Verweise auf die entsprechenden Verbtabellen (**N°**). Die Angabe der Fundstelle in deinem Buch (z. B. **II 7B** = Band 2, *Leçon 7*, Texte B) zeigt dir sofort, ob ihr ein Verb schon durchgenommen habt oder nicht.
Einige Verben musst du auch noch gar nicht können. Dies erkennst du an den Klammern an einem Verb: [ ] bedeutet, dass du das Verb nur dann lernen musst, wenn ihr es in der Schule auch durchgenommen habt. < > bedeutet, dass du von diesem Verb nur einzelne Formen kennen musst, weil ihr das Verb als Ganzes noch nicht behandelt habt. Du musst es noch nicht vollständig konjugieren können.
Dieselben Klammern findest du auch im Mittelteil mit den Verbtabellen wieder. Sind hier nur einzelne Zeiten eingeklammert, bedeutet das, dass du diese auch noch nicht können musst. Zusätzlich findest du hier einen Verweis auf den Paragrafen in deinem *Grammatischen Beiheft* (z. B. **II § 12** = Band 2, Paragraf 12), in dem du das Verb noch einmal ausführlich anschauen kannst.

Viel Spaß und Erfolg!
Dein *Découvertes*-Team

LEÇON 1

Entrée: J'aime Paris.

		N°
embrasser qn [ɑ̃bʀase]	jdn. küssen, jdn. umarmen	1a
Je t'**embrasse**. [ʒətɑ̃mbʀas]	Ich küsse, umarme dich.	1a

Texte: Quitter Paris?

mettre qc [mɛtʀ]	etw. legen, setzen, stellen; etw. anziehen	19
mettre la table [mɛtʀlatabl]	den Tisch decken	19
passer qc [pase]	*(hier)* etw. verbringen	1a
dormir [dɔʀmiʀ]	schlafen	3a
déménager [demenaʒe]	umziehen	1f
partir [paʀtiʀ]	weggehen, abfahren	3a
j'**ai** froid [ʒefʀwa]	mir ist kalt	5
sortir (de qc) [sɔʀtiʀ]	(aus etw.) hinausgehen, -fahren; ausgehen	3a
il **fait** chaud [ilfɛʃo]	es ist warm, heiß	6
il **fait** beau [ilfɛbo]	es ist schönes Wetter	6
il **fait** trente degrés [ilfɛtʀɑ̃tdəgʀe]	es sind 30 Grad	6
il y **a** du soleil [iljadysɔlɛj]	es ist sonnig	5
pleuvoir [pløvwaʀ]	regnen	21
voir qc [vwaʀ]	etw. sehen	20
changer de qc [ʃɑ̃ʒedə]	etw. wechseln	1f
adorer qc [adɔʀe]	etw. sehr gerne mögen	1a
venir [vəniʀ]	kommen	8
signer qc [siɲe]	etw. unterschreiben	1a
revenir [ʀəvəniʀ]	zurückkommen	8

Pratique

1	**imaginer** qc [imaʒine]	sich etw. (aus)denken	1a
2	**rentrer** [ʀɑ̃tʀe]	heimgehen, heimkommen	1a
5	**arrêter** de **faire** qc [aʀete]	aufhören, etw. zu tun	1a, 6
6	**classer** qc [klase]	etw. einordnen	1a

LEÇON 1

[Album: Planète Paris]

Vous **connaissez** ...? [vukɔnɛse]	Kennen Sie ...?	**22**
commencer à **faire** qc [komɑ̃se]	anfangen, etw. zu tun	**1e, 6**
se **sentir** [səsɑ̃tiʀ]	sich fühlen	**3a**
vivre [vivʀ]	leben	**23**
profiter de qc [pʀɔfite]	etw. (aus)nützen	**1a**

! **ouvrir** gehört **nicht** zu den Verben auf **-ir** (Gruppe „sortir, partir, dormir“).

TIPP Lege für jedes neue Verb ein eigenes Blatt an und konjugiere jede neu gelernte Zeit darauf. So entsteht eine hilfreiche Übersicht über alle Formen eines Verbs.

LEÇON 1

1. ***Voir, venir, mettre.* Ordne die konjugierten Verben allen passenden Personalpronomen zu.** (§ 4, § 5, § 6)

mettent vient voyons mets viennent voient mettons voyez met venez voit venons mettez viens vois

je	
tu	
il/elle/on	
nous	
vous	
ils/elles	

2. **Bringe die Sätze ins Passé composé.** (§ 1, § 2)

a) Je prends mon vélo pour aller à l'école.

b) Est-ce que vous comprenez la colère de Valentin?

c) Les Carbonne cherchent une maison avec un jardin.

d) Victor et moi faisons du roller devant l'Arche de la Défense.

e) Malika sait que les Carbonne déménagent à Toulouse.

3. ***Dormir, partir, sortir.***
Bringe die Verben in die gewünschte Form. (§ 3)

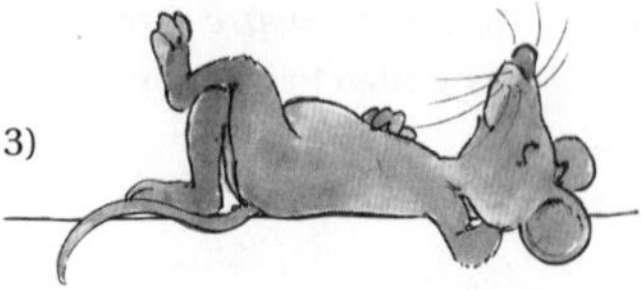

a) Emma et Manon (dormir, Präsens) ____________________

____ chez tante Sylvie.

b) Le bus pour Toulouse (partir, Präsens) ________________

____ à quinze heures.

c) Malika et moi (sortir, Präsens) ____________________

______________________________ du musée à dix-sept heures.

d) Tu ne (sortir, Präsens) ____________________________

______________________________ jamais sans ton sac à dos?

e) Vous (dormir, Passé composé) ______________________

____ au planétarium?

f) Je (partir, Präsens) ___________________________________

______________________________ pour l'école à sept heures.

Die Lösungen zu den Übungen findest du auf Seite 93.

LEÇON 2

Entrée: Paris-Toulouse

		N°
danser [dɑ̃se]	tanzen	1a
descendre [desɑ̃dʀ]	hinuntergehen, aussteigen	2

Texte: Ce n'est qu'un au revoir!

courir [kuʀiʀ]	laufen, rennen	24
devoir faire qc [dəvwaʀ]	etw. tun müssen	25, 6
être en retard [ɛtʀɑ̃ʀətaʀ]	sich verspäten	4
envoyer qc à qn [ɑ̃vwaje]	jdm. etw. schicken	26
perdre qc [pɛʀdʀ]	etw. verlieren	2
énerver qn [enɛʀve]	jdn. aufregen	1a
recevoir qc [ʀəsəvwaʀ]	etw. empfangen	27
intéresser qn [ɛ̃teʀɛse]	jdn. interessieren	1a
qn **est** désolé(e) [ɛtʀədezɔle]	es tut jdm. leid	4
qc **est** nul/nulle *(fam.)* [nyl]	etw. ist blöd, bringt's nicht *(ugs.)*	4
faire la tête *(fam.)* [fɛʀlatɛt]	schmollen, sauer sein *(ugs.)*	6
marcher [maʀʃe]	gehen, laufen; *(hier)* funktionieren	1a
retrouver qc [ʀətʀuve]	etw. wieder finden	1a
tomber [tɔ̃be]	fallen	1a

Pratique

2	**prendre** des notes [pʀɑ̃dʀdenɔt]	Notizen machen	13
3	**commencer** à **faire** qc [kɔmɑ̃se]	anfangen, etw. zu tun	1e, 6

LEÇON 2

! Denke an die Angleichung des Participe passé, wenn das Passé composé mit **être** gebildet wird (**-é**, **-ée**, **-és**, **-ées**)!

TIPP Die Verben, die das Passé composé mit **être** bilden, kannst du dir leicht merken: Die meisten drücken die Veränderung eines Zustands aus oder geben eine Bewegungsrichtung an: ***aller***, ***arriver***, ***entrer***, ***partir***, ***sortir***, ***tomber***, ***rentrer***, ***rester***, ***revenir*** und ***venir***; in bestimmten Fällen auch ***descendre*** und ***monter***. (§ 7)

1. ***me, te, nous, vous.*** **Vervollständige die Dialoge, indem du das passende Objektpronomen einsetzt.** (§ 9, § 10)

a) *Malika et Victor:* Tu vas __________ écrire, Emma?

Emma: Mais oui, je vais __________ écrire!

b) *Cécile:* Est-ce que le foot __________ intéresse?

Valentin: Mais oui, ça __________ intéresse! C'est génial!

c) *Emma et Manon:* Papa, tu __________ fais un cassoulet?

M. Carbonne: Oui! Je __________ prépare un bon repas!

d) *Emma:* C'est super! Malika __________ a envoyé un paquet!

Valentin et Manon: C'est nul! Nos amis ne __________ ont rien envoyé.

LEÇON 2

2. Ordne den Personen die passenden Formen des Participe passé zu. (§ 7, § 8)

allées venu montés revenue descendus parti

tombées restée rentrées arrivé sortis entrée

a) Valentin est

____

b) Emma et Cécile sont

____

c) les Carbonne sont

____

d) Manon est

____

3. Setze die Verben im Passé composé ein. (§ 7, § 8)

a) La famille Carbonne (partir) ____________________ pour Toulouse en train.

b) Les amis d'Emma (rester) ____________________ à Paris.

c) Mme Carbonne (revenir) ____________________ du travail à vingt heures.

d) Emma et Valentin (sortir) ____________________ des Nouvelles Galeries à dix-huit heures.

e) Manon et Emma (descendre) ____________________ du train.

f) Valentin (entrer) ____________________ dans la chambre d'Emma.

4. *Devoir, recevoir, courir, envoyer.* **Bilde Sätze und bringe dabei das Verb in die gewünschte Zeit.** (§ 12, § 13, § 14)

a) faire / Dimanche, / Emma / devoir (Passé composé) / ses devoirs.

____

b) de Toulouse. / recevoir (Passé composé) / Malika et Victor / une lettre

____

c) J' / à mes amis / du groupe Zebda. / envoyer (Präsens) / un CD

____

d) aider / Valentin et Manon / M. Carbonne / dans la cuisine. / devoir (Präsens)

____

e) dans les escaliers. / courir (Passé composé) / Manon et Emma

____

f) toujours / prendre / courir (Präsens) / pour / le train. / Vous

____

g) à Victor. / envoyer (Präsens) / de Toulouse / Nous / des photos

____

h) Je / ne … jamais / de paquets. / recevoir (Präsens)

____

Die Lösungen zu den Übungen findest du auf Seite 93.

LEÇON 3

Entrée: Vivre à Toulouse

		N°
vivre [vivʀ]	leben	**23**
saluer qn [salɥe]	jdn. (be)grüßen	**1a**

Texte A: Bienvenue à Blagnac!

avoir le coup de foudre pour qn/qc [ləkudfudʀ]	sich auf den ersten Blick in jdn. verlieben	**5**
refaire qc [ʀəfɛʀ]	etw. erneuern, neu machen, noch einmal machen	**6**
reconnaître qc [ʀəkɔnɛtʀ]	etw. wieder erkennen	**22**
plaire à qn [plɛʀ]	jdm. gefallen	**9**
connaître qc [kɔnɛtʀ]	etw. kennen	**22**
ne rien **connaître** à qc [kɔnɛtʀ]	nichts von etw. verstehen	**22**
passer [pase]	vorbeigehen, -fahren, -kommen	**1a**
imiter qc [imite]	etw. nachahmen	**1a**
revoir qn/qc [ʀəvwaʀ]	jdn./etw. wiedersehen	**20**

Texte B: Le premier rendez-vous

penser à qn [pɑ̃se]	an jdn. denken	**1a**
parler de qc [paʀle]	über etw. sprechen	**1a**
avoir mal [avwaʀmal]	Schmerzen haben	**5**
faire les magasins *(fam.)* [fɛʀlemagazɛ̃]	die Geschäfte abklappern *(ugs.)*	**6**
Ça te **dit**? [satədi]	Hast du Lust dazu?, Sagt dir das zu?	**18**
Tu **es** un amour! *(fam.)* [tyɛɛ̃namuʀ]	Du bist ein Schatz! *(ugs.)*	**4**

! In der 3. Person Singular und Plural unterscheiden sich die direkten von den indirekten Objektpronomen.

LEÇON 3

Plaire wird fast nur in der 3. Person und in Verbindung mit einem indirekten Objektpronomen verwendet: *Ça me plaît.* (§ 19)

TIPP Schreibe neue (unregelmäßige) Verben und Verbformen auf einen Zettel und hebe die Unregelmäßigkeiten in den Konjugationen farblich hervor. So wirst du dir diese besser merken können.

1. Vervollständige die Dialoge mit den passenden Objektpronomen: *le, la, les.* (§ 15)

a) *Cécile:* Regarde! C'est Nicolas. Tu __________ reconnais?

Emma: Oui, je __________ reconnais. Et la fille, tu __________ connais?

Cécile: Non, elle est nouvelle.

Emma: Alors, on va __________ saluer, Nicolas et la fille?

b) *Mme Carbonne:* Ton devoir de français, tu __________ as refait?

Valentin: C'est nul! Je dois toujours __________ refaire, les devoirs!

c) *Emma:* Je __________ trouve géniale, cette chanson!

Fabien: Moi aussi. Et cet album, je __________ adore!

LEÇON 3

2. *Plaire, connaître, vivre.* **Finde das passende Verb und bringe es in die gewünschte Form. Ergänze außerdem *qui* oder *que*, um Relativsätze zu bilden.**
(§ 16, § 17, § 18, § 19)

a) Toulouse est une ville (qui/que) _______________ je (ne pas connaître, Präsens) _______________.
Paris est une ville (qui/que) _______________ me (plaire, Präsens) _______________ beaucoup.

b) Les Gentilli sont des gens (qui/que) _______________ (vivre, Passé composé) _______________ en Italie.

c) Cécile et Samira sont des filles (qui/que) _______________ me (plaire, Präsens) _______________.

d) Samira et moi sommes des sœurs (qui/que) _______________ (vivre, Präsens) _______________ à Toulouse depuis 10 ans.

e) Thomas est un ami (qui/que) _______________ Emma et Malika (connaître, Passé composé) _______________ au collège.

f) Fabien est un garçon (qui/que) _______________ nous (connaître, Präsens) _______________ depuis 5 ans.

g) C'est la maison (qui/que) _______________ vous (plaire, Passé composé) _______________?

h) Victor est un copain (qui/que) _______________ (vivre, Präsens) _______________ dans ma rue.

3. Finde 10 Fehler in Emmas E-Mail und korrigiere sie.

de: Emma
à: Malika

Allô Malika,

Ça va? Moi, ça va bien. J'ai connue une fille au collège, Cécile. Elle est géniale! Est-ce que je t'est dit que son frère s'appelle Fabien? Il ma plaît! Je la regarde jouer au rugby après l'école. Samedi, nous avons allé au cinéma ensemble. Ma mère n'a pas voulu mais j'est discuter avec elle et elle a dis oui! Mais dimanche, j'ai du faire mes devoirs. Elle ne te comprend pas toujours, ma mère. Toi, tes parents, tu la comprends?

Bises,
Emma

Die Lösungen zu den Übungen findest du auf Seite 94.

LEÇON 4

Entrée: La classe fait du cinéma.

		N°
montrer qc à qn [mõtʀe]	jdm. etw. zeigen	**1a**

Texte: Une journée de Cécile

présenter qc à qn [pʀezɑ̃te]	jdm. etw. vorstellen	**1a**
être en train de **faire** qc [ɛtʀɑ̃tʀɛ̃dəfɛʀ]	gerade etw. tun	**4, 6**
finir qc [finiʀ]	etw. beenden	**3b**
venir de **faire** qc [vəniʀdəfɛʀ]	gerade etw. getan haben	**8, 6**
rater qc [ʀate]	etw. verpassen	**1a**
réussir à **faire** qc [ʀeysiʀ]	gelingen, etw. zu tun; etw. fertigbringen	**3b, 6**
rire [ʀiʀ]	lachen	**28**
réfléchir [ʀefleʃiʀ]	nachdenken, überlegen	**3b**
en **avoir** marre de qc [ɑ̃navwaʀmaʀ]	von etw. die Nase voll haben *(ugs.)*	**5**
détester qc [detɛste]	etw. verabscheuen, etw. überhaupt nicht mögen	**1a**
avoir horreur de qc [avwaʀɔʀœʀ]	etw. verabscheuen, etw. nicht ausstehen können	**5**
continuer à **faire** qc [kõtinɥe]	etw. weitermachen; fortfahren, etw. zu tun	**1a, 6**
choisir qc [ʃwaziʀ]	etw. wählen, etw. aussuchen	**3b**
applaudir qn [aplodiʀ]	jdm. Beifall klatschen	**3b**

Pratique

5	**indiquer** qc à qn [ɛ̃dike]	jdm. etw. anzeigen, jdm. eine Angabe machen	**1a**
6	**demander** à qn de **faire** qc [dəmɑ̃de]	jdn. darum bitten, etwas zu tun	**1a, 6**
12	**adorer faire** qc [adɔʀe]	etw. sehr gern tun	**1a, 6**

LEÇON 4

[Album: Jeunes journalistes]

tricher [tʀiʃe]	mogeln; *(hier)* abschreiben	**1a**
cliquer [klike]	klicken	**1a**
voter [vɔte]	wählen, seine Stimme abgeben	**1a**

Bei den indirekten Objektpronomen haben die maskuline und die feminine Form der 3. Person Singular die gleiche Form: **lui**.
Die Form der 3. Person Plural lautet **leur**. (§ 24)

TIPP Bastle dir ein Puzzle aus den verschiedenen Verbformen, indem du diese einzeln auf kleine Zettel schreibst. Versuche dann, die Zettel den zugehörigen Personen bzw. Zeiten zuzuordnen.

1. **Konjugiere das Verb *rire*.** (§ 27)

je	________________	nous	________________
tu	________________	vous	________________
il/elle/on	________________	ils/elles	________________

Passé composé: j'ai ______________________________

2. ***venir de faire/être en train de faire/aller faire.***
Schreibe die Sätze sinngemäß um. (§ 28)

Bsp.: Mme Carbonne vient de faire un gâteau. *(maintenant)*
Mme Carbonne est en train de faire un gâteau.

a) Nous sommes en train de terminer nos devoirs. *(ce matin)*

____

b) La classe va présenter Cécile. *(maintenant)*

____

c) Vous venez de faire un exposé sur les araignées. *(demain)*

____

d) Les élèves du Sénégal vont regarder la vidéo. *(ce matin)*

____

3. Verben auf *-ir* (Gruppe „finir"). Wähle das passende Verb und bringe es in die gewünschte Form. (§ 25)

réussir | finir (2x) | choisir | applaudir | réfléchir

a) Elles ______________ (Präsens) l'école à une heure.

b) Toute la classe ______________ (Präsens) l'exposé de Jérémie.

c) Je n'__________ pas ______________ (Passé composé) à faire l'exercice de maths.

d) Tu ______________ (Präsens) un projet de vidéo?

e) Chut! Manon et moi ______________ (Präsens).

f) Vous ne ______________ (Präsens) jamais vos choux de Bruxelles!

4. ***lui* und *leur*. Bilde Sätze und bringe das Verb in die gewünschte Form. Verwende dabei die passenden indirekten Objektpronomen.** (§ 24)

Bsp.: Emma/demander (Passé composé)/à Olivier/d'aller au CDI. → Emma lui a demandé d'aller au CDI.

a) Tu /présenter (Passé composé)/Fabien à Valentin.

---

b) Cécile et moi /montrer (Präsens)/à nos amis/ notre exposé.

---

c) Les élèves du collège/écrire (Präsens)/aux élèves du Sénégal.

---

d) Je/téléphoner (Passé composé)/à mon amie Malika.

---

e) Vous/demander (Passé composé)/à Cécile et à Emma/ d'aller au cinéma.

Die Lösungen zu den Übungen findest du auf Seite 94.

LEÇON 5

Entrée: La cuisine française

		N°
faire les courses *(f.) (pl.)* [fɛʀlekuʀs]	einkaufen	**6**
ranger qc [ʀɑ̃ʒe]	etw. aufräumen	**1f**

Texte: Un gâteau et un cadeau

être né(e) [ɛtʀəne]	geboren werden	**4**
faire peur à qn [fɛʀpœʀ]	jdm. Angst machen	**6**
préférer qc [pʀefeʀe]	etw. vorziehen, lieber mögen	**1d**
préférer faire qc [pʀefeʀefɛʀ]	etw. lieber tun	**1d, 6**
annoncer qc [anɔ̃se]	etw. ankündigen	**1e**
falloir [falwaʀ]	brauchen, müssen	**29**
il **faut** qc [ilfo]	man braucht etw.	**29**
il **faut** qc à qn [ilfo]	jd. braucht etw.	**29**
il **faut faire** qc [ilfo]	man muss etw. tun	**29, 6**
j'en **prends** deux kilos [ʒɑ̃pʀɑ̃døkilo]	Ich nehme (davon) zwei Kilo.	**13**
ajouter qc [aʒute]	etw. hinzufügen	**1a**
goûter qc [gute]	etw. probieren, kosten	**1a**
appeler qn [apəle]	jdn. (an)rufen	**1b**
manquer [mɑ̃ke]	fehlen	**1a**
il **manque** qc [ilmɑ̃k]	es fehlt etw.	**1a**
avoir soif [avwaʀswaf]	Durst haben	**5**

Pratique

2	**répéter** qc [ʀepete]	etw. wiederholen	**1d**
13	**travailler** sur qc [tʀavaillesyʀ]	etw. erarbeiten, an etw. arbeiten	**1a**

LEÇON 5

! Bei „ne … personne“ steht der zweite Teil der Verneinung nicht wie bei den anderen Verneinungen VOR dem Participe passé bzw. dem Infinitv sondern DANACH:
Je **n'**ai invité **personne**. (§ 35)

TIPP Sprich dir neue Konjugationsmuster laut vor. Das hilft dir, die neuen Formen schneller zu lernen (z. B. kann man bei „répéter" und „préférer" die unterschiedlichen Accents hören).

1. ***préférer, répéter*** **oder** ***appeler*****? Wähle das passende Verb und bringe es in die gewünschte Form.** (§ 32, § 33)

a) Tu (Präsens) ______________________ le chocolat ou la crème chantilly?

b) Vous pouvez (Infinitiv) ______________________, s'il vous plaît? Je n'ai pas compris.

c) M. et Mme Chapuis (Präsens) ______________________ Cécile sur son portable.

d) Pour l'anniversaire de maman, nous (Passé composé) ______________________ aller au restaurant.

e) J' (Präsens) ______________________ toujours ma grand-mère pour son anniversaire.

f) Le professeur de français (Präsens) ______________________ toujours: «Silence!»

2. Ergänze die Sätze mit *il faut/il ne faut pas, il me/te/ nous/vous/leur faut.* (§ 34)

Bsp.: 

Fabien appelle sa sœur:
il lui faut un portable.

a) 

Cécile va chez sa grand-mère:

____

______________________________.

b) 

Vous adorez faire du sport:

____

______________________________.

c) 

J'ai soif:

____

______________________________.

d) 

Valentin et moi cherchons des annonces sur Internet:

____

______________________________.

e) 

Tu fais des sandwichs:

____

______________________________.

f) 

M. et Mme Carbonne répètent toujours:

____

______________________________!

3. Vervollständige den Dialog zwischen Emma und Fabien. Verwende dabei das Pronomen „en“. (§ 31)

Fabien: Tu as acheté des œufs?

Emma: Oui, ______________________ dix.

Fabien: Il nous faut du chocolat?

Emma: Oui, ______________________ 500 g. Tu as du sucre?

Fabien: Non, ______________________. Mais la voisine ______________________. Tu apportes des bougies?

Emma: D’accord, ______________________.

4. Finde 9 Fehler in Emmas E-Mail und korrigiere sie. (§ 30, § 33, § 34, § 35)

de: Emma
à: Malika

Chère Malika,

Demain, c’est l’anniversaire de Cécile. Mais elle n’a personne invité et elle n’a rien préparé. Elle n’aime les anniversaires pas du tout. Alors, Fabien et moi préparons un gâteau. Pour le gâteau, nous faut de sucre, d’œufs, de farine, de beurre et de chocolat. Nous avons appellé tous les amis de Cécile. Il ne manque personne!

Amicalement
Emma

Die Lösungen zu den Übungen findest du auf Seite 95.

LEÇON 6

Entrée: Communiquer

		N°
communiquer avec qn [kɔmynike]	mit jdm. kommunizieren, Nachrichten austauschen	**1a**
apporter qc à qn [apɔʀte]	jdm. etw. (mit)bringen	**1a**

Texte: Rendez-vous manqué

installer qc [ɛ̃stale]	etw. aufstellen, etw. installieren	**1a**
croire qc [kʀwaʀ]	etw. glauben	**30**
gagner qc [gaɲe]	etw. gewinnen	**1a**
Tu **parles**! *(fam.)* [typaʀl]	Von wegen! *(ugs.)*	**1a**
couper qc [kupe]	etw. schneiden, *(hier)* unterbrechen (die Verbindung)	**1a**

Pratique

6	**copier** qc [kɔpje]	etw. kopieren, etw. abschreiben	**1a**
6	**gagner** qc [gaɲe]	*(hier)* etw. verdienen	**1a**

! Im Französischen muss in der indirekten Rede **immer** eine Konjunktion (z. B. **que**) verwendet werden. Davor steht **kein** Komma. (§ 36, § 37).

TIPP Viele Dinge kennst du schon aus dem Englischen, z. B. Anpassung der Pronomen, Verbformen und Begleiter in der indirekten Rede. Sie funktionieren im Französischen genau so.

LEÇON 6

1. Finde den passenden Imperativ mit Pronomen. (§ 38)

a) Regarde, c'est ton frère! (appeler) ______________________.

b) Je te parle! (écouter) ______________________.

c) Emma connaît le chemin. (demander) ______________________.

d) Cette chemise est jolie! (acheter) ______________________.

e) Mais tu es sale! (regarder) ______________________.

2. Schreibe den Dialog zwischen Fabien und Emma. Bringe die Sätze in die direkte Rede. (§ 36, § 37)

a) Fabien veut savoir si Emma veut aller au cinéma.

Fabien: ______________________

b) Emma dit qu'elle ne peut pas aller au cinéma.

Emma: ______________________

c) Fabien lui demande pourquoi.

Fabien: ______________________

d) Emma lui répond qu'elle est malade.

Emma: ______________________

e) Fabien lui dit que c'est nul.

Fabien: ______________________

f) Emma lui demande s'il peut lui téléphoner après le cinéma.

Emma: ______________________

g) Fabien dit oui. Il dit qu'il lui apporte un CD demain.

Fabien: ______________________

LEÇON 6

3. Bringe die Sätze in die indirekte Rede. Denke an die Anpassung der Pronomen! (§ 36, § 37)

a) Nicolas demande à Fabien: «Tu aimes le groupe?»

____

b) Je dis à ma sœur: «Je t'appelle sur mon portable.»

____

c) Cécile demande à Emma: «Tu peux m'aider?»

____

d) La mère de Fabien dit: «Je vous attends devant le Capitole.»

____

4. ***Croire, gagner, couper, copier.*** **Buchstabensalat: Notiere die Lösung in Kleinbuchstaben und denke an die Accents.** (§ 39)

Bsp.: A NEGAG — a gagné

a) ONCYORS ______________

b) SA ECIPO ______________

c) NGAZGE ______________

d) POSECU ______________

e) RICONET ______________

f) SVONA URC ______________

g) PNOCISO ______________

h) ICORT ______________

Die Lösungen zu den Übungen findest du auf Seite 95.

LEÇON 7

Entrée: Aventures dans les Pyrénées

		N°
Qu'**est**-ce qui …? [kɛski]	Was …? *Fragepronomen, Subjekt ist eine Sache*	**4**
Qui **est**-ce qui …? [kiɛski]	Wer …? *Fragepronomen, Subjekt ist eine Person*	**4**
Qui **est**-ce que …? [kiɛskə]	Wer …? *Fragepronomen, Objekt ist eine Person*	**4**
contacter qn [kɔ̃takte]	mit jdm. in Verbindung treten	**1a**

Texte A: Un long week-end à la montagne

avoir besoin de qc [avwaʀbəswɛ̃]	etw. brauchen	**5**
pleurer [plœʀe]	weinen	**1a**
qc **arrive** à qn [aʀiv]	etw. geschieht jdm., etw. passiert jdm.	**1a**
c'**est** … qui [sɛ … ki]	*Mit dieser Wendung kannst du ein Subjekt hervorheben.*	**4**
dire qc dans sa barbe [dɑ̃sabaʀb]	etw. undeutlich sagen	**18**
c'**est** … que [sɛ … kə]	*Mit dieser Wendung kannst du ein Objekt oder ein Adverb hervorheben.*	**4**

Pratique A

4	**mettre** qc en relief [mɛtʀɑ̃ʀəljɛf]	etw. hervorheben	**19**
5	**décrire** qc [dekʀiʀ]	etw. beschreiben	**15**
6	**faire** demi-tour [dəmituʀ]	wenden, umdrehen	**6**

Texte B: Aventures

se **trouver** [sətʀuve]	sich befinden	**1a**
découvrir qc [dekuvʀiʀ]	etw. entdecken	**16**

LEÇON 7

se **promener** [səpʀɔmne]	spazieren gehen	**1c**
s'**amuser** [samyze]	sich vergnügen, sich amüsieren	**1a**
se **disputer** avec qn [sədispyte]	sich mit jdm. streiten	**1a**
s'**éloigner** [selwaɲe]	sich entfernen	**1a**
construire qc [kõstʀɥiʀ]	etw. bauen	**31**
se **cacher** [səkaʃe]	sich verstecken	**1a**
sans rien **faire** [sɑ̃ʀjɛ̃fɛʀ]	ohne etw. zu tun	**6**
se **passer** [səpase]	geschehen, sich ereignen	**1a**
conduire qn [kõdɥiʀ]	jdn. fahren; jdn. führen	**31**
C'**est** (de) sa faute. [sɛdəsafot]	Das ist seine/ihre Schuld.	**4**
se **lever** [sələve]	aufstehen; *(hier)* sich erheben, (Wind) aufkommen	**1c**

[Album: Les Parcs des Pyrénées]

coûter [kute]	kosten	**1a**
réserver qc [ʀesɛʀve]	etw. reservieren	**1a**
pique-niquer [piknike]	ein Picknick machen	**1a**

! Alle reflexiven Verben bilden das Passé composé mit **être**. Denke an die Angleichung des Participe passé.

TIPP Schau dir die Bildung des Passé composé mit **être** noch einmal an. (§ 7, § 8) Die Bildung des Passé composé der reflexiven Verben wird dir dann nicht mehr schwer fallen. (§ 47)

LEÇON 7

1. Reflexive Verben. Welche Formen gehören zusammen? Verbinde sie mit Linien. (§ 46)

a)	vous	nous	levons
b)	il/elle/on	te	lève
c)	je	se	lèvent
d)	ils/elles	vous	levez
e)	nous	se	lève
f)	tu	me	lèves

2. Bringe die reflexiven Verben in die korrekte Form des Passé composé. (§ 47)

a) Pendant le week-end, Emma et Fabien (se disputer).

____

b) *Emma:* Je (ne pas s'éloigner) du groupe pendant la visite.

____

c) Victor et moi (se cacher) dans la montagne.

____

d) A quelle heure est-ce que Cécile (se lever)?

____

e) Vous (ne pas se promener) pendant l'orage.

____

f) Fabien, est-ce que tu (s'amuser) dans les Pyrénées?

____

3. Vervollständige die folgenden Texte. (§ 45)

a) Setze die Verbformen im Präsens ein.

M. Carbonne (conduire) ______________________ sa voiture.

Les enfants (se disputer) ______________________.

«Qu'est-ce qui (se passer) ______________________»,

demande M. Carbonne, «pourquoi vous (ne pas s'amuser)

______________________ quand nous (conduire)

______________________?» «D'accord», dit Emma, «mais vous

nous (conduire) ______________________ ce soir au cinéma?»

b) Setze die Verbformen im Passé composé ein.

Zoé (construire) ______________________ une maison dans

un arbre. Elle (se cacher) ______________________ de

sa famille tout l'après-midi! Zoé, elle (s'amuser)

______________________ mais ses parents (ne pas rire)

______________________!

Die Lösungen zu den Übungen findest du auf Seite 96.

[LEÇON 8]

Texte A: Il était une fois Zen Zila

		N°
devenir qn/qc [dəvəniʀ]	jd./etw. werden	**8**
tomber malade [tɔ̃bemalad]	krank werden	**1a**
cacher qc [kaʃe]	etw. verstecken	**1a**
s'**intéresser** à qc [sɛ̃teʀɛse]	sich für etw. interessieren	**1a**
fermer qc [fɛʀme]	etw. schließen	**1a**

Pratique

5	**passer** [pase]	*(hier)* laufen, spielen (im Radio)	**1a**
8	**deviner** qc [dəvine]	etw. erraten	**1a**

Texte B: Zen Zila au collège

proposer qc [pʀɔpoze]	etw. vorschlagen	**1a**
mélanger qc [melɑ̃ʒe]	etw. mischen	**1f**
avancer [avɑ̃se]	vorankommen	**1e**
garder qc [gaʀde]	etw. behalten	**1a**
il y **a** deux semaines [ilja]	(jetzt) vor zwei Wochen	**5**

Pratique B

2	**Est** ce que vous **seriez** d'accord? [səʀje]	Wären Sie einverstanden?	**4, 4**

[Album: Savoir d'où on vient]

interroger qn [ɛ̃teʀɔʒe]	jdn. befragen	**1f**
poursuivre [puʀsɥivʀ]	*(hier)* fortfahren	**32**
surprendre qn [syʀpʀɑ̃dʀ]	jdn. überraschen	**13**
réagir [ʀeaʒiʀ]	reagieren	**3b**

[LEÇON 8]

Das **Imparfait** wird vom Stamm der 1. Person Plural Präsens abgeleitet. (§ 49)

! Beachte bei den Verben auf ***-ger (manger)*** und ***-cer (commencer)*** die unregelmäßigen Formen des Imparfait in der 1. und 2. Person Plural:

je man**ge**ais, **aber:** nous man**gi**ons, vous man**gi**ez
je commen**ç**ais, **aber:** nous commen**ci**ons, vous commen**ci**ez

TIPP Merke dir die Schlüsselfragen zum Gebrauch des Imparfait und des Passé composé. Dann hast du es leichter, die beiden Zeiten von einander zu unterscheiden.

1. Konjugiere das Verb *être* im Imparfait. (§ 49)

je/j'	________________	nous	________________
tu	________________	vous	________________
il/elle/on	________________	ils/elles	________________

2. Bilde das Imparfait der gewünschten Formen.
(§ 49)

Bsp.:	chanter:	je	je chantais
a)	devenir:	tu	______
b)	mélanger:	elles	______
c)	pleuvoir:	il	______
d)	perdre:	je	______
e)	prendre:	vous	______
f)	connaître:	tu	______
g)	finir:	nous	______
h)	faire:	elle	______
i)	croire:	ils	______
j)	falloir:	il	______

3. **Imparfait oder Passé composé? Vervollständige die Sätze mit der richtigen Form.** (§ 50, § 51)

a) Hier, M. Philibert (tomber) ______________ malade.

b) Pendant que Cécile et Emma (parler) ______________, Fabien (poser) ______________ une question à Adeline.

c) Quand j' (être) ______________ jeune, je ______________ (vivre) à Toulouse et j' (aller) ______________ au collège Guillaumet.

d) A l'âge de 10 ans, mon père (recevoir) ______________ son premier chien. Il (s'appeler) ______________ Patou.

e) Ma sœur et moi (devenir) ______________ des fans de chanson française.

f) La semaine dernière, les profs du collège (proposer) ______________ un concert au principal. Ils (être) ______________ trois: le prof de français, le prof de musique et le prof d'allemand. Le principal (demander) ______________ aux profs le CD du groupe. Puis, il (écouter) ______________ le CD à la maison pendant qu'il (préparer) ______________ le repas. Il (surprendre) ______________ sa femme. Elle lui dit: «Je (ne pas savoir) ______________ que tu (aimer) ______________ le rap!»

Die Lösungen zu den Übungen findest du auf Seite 96.

[LEÇON 9]

Entrée: Voyages en zigzag

		N°
inventer qc [ɛ̃vɑ̃te]	etw. erfinden	1a
fabriquer qc [fabʀike]	etw. herstellen	1a

Texte: Où allons-nous cet été?

j'**aimerais faire** qc [ʒɛmʀɛ]	ich würde gerne (etw. tun)	1a, 6
avoir raison [avwaʀʀɛzɔ̃]	Recht haben	5
attaquer qn [atake]	jdn. angreifen	1a
tuer qn [tɥe]	jdn. töten, jdn.umbringen	1a
venir voir qn [vəniʀvwaʀ]	jdn. besuchen (kommen)	8, 20
il **faut** que [ilfo]	man muss; es ist nötig, dass	29
Il **faut** que tu **viennes** nous **voir**. [tyvjɛn]	Du musst uns besuchen (kommen).	29, 8, 20
se **marier** [səmaʀje]	jdn. heiraten	1a
Nous **aimerions** que vous **veniez**. [ɛməʀjɔ̃; vənje]	Wir möchten gerne, dass ihr kommt.	1a, 8
c'**est** pourquoi [sɛpuʀkwa]	deshalb	4
espérer [ɛspeʀe]	hoffen	1d
Dis-le-moi. [diləmwa]	Sage es mir.	18
réserver qc [ʀesɛʀve]	etw. reservieren	1a
vous **verrez** [vuvɛʀe]	ihr werdet sehen, Sie werden sehen	20
vous **adorerez** [vuzadɔʀəʀe]	ihr werdet sehr mögen, Sie werden sehr mögen	1a
remercier qn [ʀəmɛʀsje]	sich bei jdm. bedanken	1a
Il **faut** que je vous **dise** une chose. [ʒəvudiz]	Ich muss euch/Ihnen etwas sagen.	29, 18
fêter qc [fɛte]	etw. feiern	1a

[LEÇON 9]

Pratique

8	ils **ont battu** [ilzɔ̃baty]	sie haben geschlagen, besiegt	**5, 33**
8	**capituler** [kapityle]	sich ergeben, kapitulieren	**1a**
9	**Tenez!** [təne]	Na sowas! *wenn man jdn. siezt*	**8**
9	qn se **fout** de qc *(fam.)* [səfu]	etw. ist jdm. schnuppe *(ugs.)*	**34**

[Album: L'éléphant et la souris]

lever qc [ləve]	etw. heben	**1c**
trembler [tʀɑ̃ble]	zittern	**1a**

Die **Inversionsfrage** kannst du nur verwenden, wenn das Subjekt ein Pronomen ist. Du kannst natürlich das Subjekt selbst durch das passende Pronomen ersetzen. (§ 52)

! Denke an das eingeschobene **-t-** bei der Inversionsfrage, wenn die Verbform auf **-e** oder **-a** endet, und an den Bindestrich/die Bindestriche.

TIPP Merke dir Beispielsätze aus deinem Buch, um dich besser an grammatische Regeln erinnern zu können.

Bsp.: ***Je peux t'aider?*** Das Objektpronomen **t'** steht in Verbindung mit Hilfs- oder Modalverben vor dem Infinitiv und nicht vor der konjugierten Form des Hilfs- oder Modalverbs.

[LEÇON 9]

1. **Schreibe die Frage neu.**
   Verwende dabei die Inversionsfrage. (§ 52)

a) Est-ce que M. Carbonne travaille pour Airbus?

____.

b) Tu veux une glace?

____.

c) Nous avons les billets?

____.

d) Est-ce que Emma aime sa nouvelle école?

____.

2. **Vervollständige die E-Mails von Emma et Malika im Futur simple.**

de: Emma
à: Malika

Allô Malika,

Tu sais quoi? Nous (visiter) ______________ Paris du 20 décembre au 4 janvier! Est-ce que vous (être) ______________ à Paris? J'espère qu'on se (voir) ______________! Tu le (dire) ______________ aux copains? Réponds vite!

Emma

de Malika
à Emma

Chère Emma,

C'est génial! Mais oui, je (être) ________________ à Paris!

On (pouvoir) ________________ se voir tous les jours! Je

n'ai pas encore parlé aux copains mais je leur

(dire) ________________ la bonne nouvelle cet

après-midi. Ils (être) ________________ super contents!

Bises,
Malika

3. **Wiederholung: Vervollständige die Sätze mit der passenden Vergangenheitsform. Wo musst du das Imparfait verwenden, wo das Passé composé?**
(§ 49, § 50, § 51)

a) J' (rencontrer) ________________ Malika quand

j'(avoir) ________________ cinq ans.

Elle (dire) ________________ qu'elle (aimer)

________________ les animaux et le sport.

b) Hier, Zoé (rêver) ________________. Il (pleuvoir)

________________, c'(être) ________________

l'orage. Zoé (mettre) ________________ son jean

et elle (sortir) ________________ dans la rue.

Elle (ne pas avoir) ________________ froid parce qu'elle

(être) ________________ un poisson!

4. Wiederholung: Welche Satzteile gehören zusammen? Ergänze bei den reflexiven Verben jeweils das fehlende Pronomen. (§46, §47)

a)	Fabien	______	intéressent à la musique.
b)	Nous	______	disputez souvent.
c)	Emma et Zoé	______	lève à 6 heures.
d)	Est-ce que tu	______	appelle Thomas.
e)	Je	______	cachons dans la cuisine.
f)	Toi et Cécile	______	amuses avec la vidéo?

5. Wiederholung: Ersetze das kursiv gedruckte direkte oder indirekte Objekt durch das passende Pronomen. (§9, §15, §24)

Bsp.: Emma écrit une lettre *à Malika et Victor.*
Emma **leur** écrit une lettre.

a) M. et Mme Carbonne connaissent *les parents de Cécile.*

____.

b) Tu peux demander *à Adeline*?

____?

c) Vous dites votre nom *au professeur.*

____.

d) Fabien et Cécile demandent du sucre *aux voisins.*

____.

Die Lösungen zu den Übungen findest du auf Seite 96/97.

1 Die Verben auf *-er*: *-e, -es, -e, -ons, -ez, -ent*

1a	**regarder** (betrachten)						I § 12
Präsens		**Passé composé**			**Futur composé**		
je	regard**e**	j’	ai	regardé	je	vais	regarder
tu	regard**es**	tu	as	regardé	tu	vas	regarder
il/elle/on	regard**e**	il/elle/on	a	regardé	il/elle/on	va	regarder
nous	regard**ons**	nous	avons	regardé	nous	allons	regarder
vous	regard**ez**	vous	avez	regardé	vous	allez	regarder
ils/elles	regard**ent**	ils/elles	ont	regardé	ils/elles	vont	regarder
Imperativ		**[Imparfait]**			**[Futur simple]**		
		je	regard**ais**		je	regarder**ai**	
regarde		tu	regard**ais**		tu	regarder**as**	
regardons		il/elle/on	regard**ait**		il/elle/on	regarder**a**	
regardez		nous	regard**ions**		nous	regarder**ons**	
		vous	regard**iez**		vous	regarder**ez**	
		ils/elles	regard**aient**		ils/elles	regarder**ont**	

Ebenso: alle regelmäßigen Verben auf *-er*.

Beachte: arriver (ankommen), **entrer** (eintreten), **monter** (ein-/hinaufsteigen),**tomber** (fallen), **rentrer** (zurückkehren), **rester** (bleiben) bilden das **Passé composé** mit **être** (I § 54, II § 7).

Reflexive Verben

1a*	**se cacher** (sich verstecken)										II § 46, [47]
Präsens			**[Passé composé]**				**Futur composé**				
je	**me**	cache	je	**me**	**suis**	caché(e)	je	vais	**me**	cacher	
tu	**te**	caches	tu	**t'**	**es**	caché(e)	tu	vas	**te**	cacher	
il/elle/on	**se**	cache	il/elle/on	**s'**	**est**	caché(e)	il/elle/on	va	**se**	cacher	
nous	**nous**	cachons	nous	**nous**	**sommes**	caché(e)s	nous	allons	**nous**	cacher	
vous	**vous**	cachez	vous	**vous**	**êtes**	caché(e)s	vous	allez	**vous**	cacher	
ils/elles	**se**	cachent	ils/elles	**se**	**sont**	caché(e)s	ils/elles	vont	**se**	cacher	
Imperativ			**[Imparfait]**				**[Futur simple]**				
			je	**me**	cachais		je	**me**	cacherai		
cache	–	**toi**	tu	**te**	cachais		tu	**te**	cacheras		
cachons	–	**nous**	il/elle/on	**se**	cachait		il/elle/on	**se**	cachera		
cachez	–	**vous**	nous	**nous**	cachions		nous	**nous**	cacherons		
			vous	**vous**	cachiez		vous	**vous**	cacherez		
			ils/elles	**se**	cachaient		ils/elles	**se**	cacheront		

Beachte: Die reflexiven Verben bilden das **Passé composé** immer mit **être** ([II § 47]).

1b	**appeler** (rufen, anrufen)						II § 33
Präsens		**Passé composé**			**Futur composé**		
j'	appelle	j'	ai	appelé	je	vais	appeler
tu	appelles	tu	as	appelé	tu	vas	appeler
il/elle/on	appelle	il/elle/on	a	appelé	il/elle/on	va	appeler
nous	appelons	nous	avons	appelé	nous	allons	appeler
vous	appelez	vous	avez	appelé	vous	allez	appeler
ils/elles	appellent	ils/elles	ont	appelé	ils/elles	vont	appeler
Imperativ		**[Imparfait]**			**[Futur simple]**		
		j'	appelais		j'	appellerai	
appelle		tu	appelais		tu	appelleras	
appelons		il/elle/on	appelait		il/elle/on	appellera	
appelez		nous	appelions		nous	appellerons	
		vous	appeliez		vous	appellerez	
		ils/elles	appelaient		ils/elles	appelleront	

1c	**acheter** (kaufen)						I § 44
Präsens		**Passé composé**			**Futur composé**		
j'	achète	j'	ai	acheté	je	vais	acheter
tu	achètes	tu	as	acheté	tu	vas	acheter
il/elle/on	achète	il/elle/on	a	acheté	il/elle/on	va	acheter
nous	achetons	nous	avons	acheté	nous	allons	acheter
vous	achetez	vous	avez	acheté	vous	allez	acheter
ils/elles	achètent	ils/elles	ont	acheté	ils/elles	vont	acheter
Imperativ		**[Imparfait]**			**[Futur simple]**		
		j'	achetais		j'	achèterai	
achète		tu	achetais		tu	achèteras	
achetons		il/elle/on	achetait		il/elle/on	achètera	
achetez		nous	achetions		nous	achèterons	
		vous	achetiez		vous	achèterez	
		ils/elles	achetaient		ils/elles	achèteront	

Ebenso: (se) lever (aufstehen/heben), **se promener** (spazieren gehen).

1d	**répéter** (wiederholen)						II § 32
Präsens		**Passé composé**			**Futur composé**		
je	répète	j'	ai	répété	je	vais	répéter
tu	répètes	tu	as	répété	tu	vas	répéter
il/elle/on	répète	il/elle/on	a	répété	il/elle/on	va	répéter
nous	répétons	nous	avons	répété	nous	allons	répéter
vous	répétez	vous	avez	répété	vous	allez	répéter
ils/elles	répètent	ils/elles	ont	répété	ils/elles	vont	répéter
Imperativ		**[Imparfait]**			**[Futur simple]**		
		je	répétais		je	répéterai	
répète		tu	répétais		tu	répéteras	
répétons		il/elle/on	répétait		il/elle/on	répétera	
répétez		nous	répétions		nous	répéterons	
		vous	répétiez		vous	répéterez	
		ils/elles	répétaient		ils/elles	répéteront	

Ebenso: [espérer] (hoffen), **préférer** (vorziehen).
Bei Verben der Gruppe *répéter* gibt es im *Futur simple* die Schreibweisen *je répéterai* und *je répèterai.*

1e	**commencer** (anfangen)							I §48
Präsens		**Passé composé**			**Futur composé**			
je	commence	j'	ai	commencé	je	vais	commencer	
tu	commences	tu	as	commencé	tu	vas	commencer	
il/elle/on	commence	il/elle/on	a	commencé	il/elle/on	va	commencer	
nous	commençons	nous	avons	commencé	nous	allons	commencer	
vous	commencez	vous	avez	commencé	vous	allez	commencer	
ils/elles	commencent	ils/elles	ont	commencé	ils/elles	vont	commencer	
Imperativ		**[Imparfait]**			**[Futur simple]**			
		je	commençais		je	commencerai		
commence		tu	commençais		tu	commenceras		
commençons		il/elle/on	commençait		il/elle/on	commencera		
commencez		nous	commencions		nous	commencerons		
		vous	commenciez		vous	commencerez		
		ils/elles	commençaient		ils/elles	commenceront		

Ebenso: annoncer (ankündigen), [**avancer**] (vorankommen).

1f	**manger** (essen)						I § 30
Präsens		**Passé composé**			**Futur composé**		
je	mange	j'	ai	mangé	je	vais	manger
tu	manges	tu	as	mangé	tu	vas	manger
il/elle/on	mange	il/elle/on	a	mangé	il/elle/on	va	manger
nous	mangeons	nous	avons	mangé	nous	allons	manger
vous	mangez	vous	avez	mangé	vous	allez	manger
ils/elles	mangent	ils/elles	ont	mangé	ils/elles	vont	manger
Imperativ		**[Imparfait]**			**[Futur simple]**		
		je	mangeais		je	mangerai	
mange		tu	mangeais		tu	mangeras	
mangeons		il/elle/on	mangeait		il/elle/on	mangera	
mangez		nous	mangions		nous	mangerons	
		vous	mangiez		vous	mangerez	
		ils/elles	mangeaient		ils/elles	mangeront	

Ebenso: bouger (sich bewegen), **changer** (wechseln, umsteigen), **déménager** (umziehen), **interroger** (befragen), [**mélanger**] (mischen), **ranger** (aufräumen).

1g	**payer** (bezahlen)						I § 44
Präsens		**Passé composé**			**Futur composé**		
je	paie	j’	ai	payé	je	vais	payer
tu	paies	tu	as	payé	tu	vas	payer
il/elle/on	paie	il/elle/on	a	payé	il/elle/on	va	payer
nous	payons	nous	avons	payé	nous	allons	payer
vous	payez	vous	avez	payé	vous	allez	payer
ils/elles	paient	ils/elles	ont	payé	ils/elles	vont	payer
Imperativ		**[Imparfait]**			**[Futur simple]**		
		je	payais		je	paierai	
paie		tu	payais		tu	paieras	
payons		il/elle/on	payait		il/elle/on	paiera	
payez		nous	payions		nous	paierons	
		vous	payiez		vous	paierez	
		ils/elles	payaient		ils/elles	paieront	

Ebenso: [appuyer] (drücken).

2 Die Verben auf *-dre*: *-s, -s, -d, -ons, -ez, -ent*

2	**attendre** (warten)						I §41
Präsens		**Passé composé**			**Futur composé**		
j'	attend**s**	j'	ai	attendu	je	vais	attendre
tu	attend**s**	tu	as	attendu	tu	vas	attendre
il/elle/on	atten**d**	il/elle/on	a	attendu	il/elle/on	va	attendre
nous	attend**ons**	nous	avons	attendu	nous	allons	attendre
vous	attend**ez**	vous	avez	attendu	vous	allez	attendre
ils/elles	attend**ent**	ils/elles	ont	attendu	ils/elles	vont	attendre
Imperativ		**[Imparfait]**			**[Futur simple]**		
		j'	attendais		j'	attendrai	
attends		tu	attendais		tu	attendras	
attendons		il/elle/on	attendait		il/elle/on	attendra	
attendez		nous	attendions		nous	attendrons	
		vous	attendiez		vous	attendrez	
		ils/elles	attendaient		ils/elles	attendront	

Ebenso: descendre (hinuntergehen), **entendre** (hören), **répondre** (antworten), **perdre** (verlieren), **vendre** (verkaufen).
Beachte: descendre (hinuntergehen) bildet das **Passé composé** mit **être**.

3 Die Verben auf *-ir*: *-s, -s, -t, -ons, -ez, -ent*

3a	**dormir** (schlafen)						<I §51>; II §3
Präsens		**Passé composé**			**Futur composé**		
je	dor**s**	j'	ai	dormi	je	vais	dormir
tu	dor**s**	tu	as	dormi	tu	vas	dormir
il/elle/on	dor**t**	il/elle/on	a	dormi	il/elle/on	va	dormir
nous	dorm**ons**	nous	avons	dormi	nous	allons	dormir
vous	dorm**ez**	vous	avez	dormi	vous	allez	dormir
ils/elles	dorm**ent**	ils/elles	ont	dormi	ils/elles	vont	dormir
Imperativ		**[Imparfait]**			**[Futur simple]**		
		je	dormais		je	dormirai	
dors		tu	dormais		tu	dormiras	
dormons		il/elle/on	dormait		il/elle/on	dormira	
dormez		nous	dormions		nous	dormirons	
		vous	dormiez		vous	dormirez	
		ils/elles	dormaient		ils/elles	dormiront	

Ebenso: partir (weggehen/-fahren), **sortir** (ausgehen), **se sentir** (sich fühlen).
Beachte: partir, sortir und **se sentir** bilden das **Passé composé** mit **être**.

3b	**finir** (beenden)						II § 25
Präsens		**Passé composé**			**Futur composé**		
je	fini**s**	j'	ai	fini	je	vais	finir
tu	fini**s**	tu	as	fini	tu	vas	finir
il/elle/on	fini**t**	il/elle/on	a	fini	il/elle/on	va	finir
nous	finis**sons**	nous	avons	fini	nous	allons	finir
vous	finis**sez**	vous	avez	fini	vous	allez	finir
ils/elles	finis**sent**	ils/elles	ont	fini	ils/elles	vont	finir
Imperativ		**[Imparfait]**			**[Futur simple]**		
		je	finissais		je	finirai	
finis		tu	finissais		tu	finiras	
finissons		il/elle/on	finissait		il/elle/on	finira	
finissez		nous	finissions		nous	finirons	
		vous	finissiez		vous	finirez	
		ils/elles	finissaient		ils/elles	finiront	

Ebenso: applaudir (Beifall klatschen), **choisir** (auswählen), **réfléchir** (gelingen), [**réagir**] (reagieren), **réussir** (gelingen).

Unregelmäßige Verben

4	**être** (sein)						I § 13
Präsens		**Passé composé**			**Futur composé**		
je	suis	j'	ai	été	je	vais	être
tu	es	tu	as	été	tu	vas	être
il/elle/on	est	il/elle/on	a	été	il/elle/on	va	être
nous	sommes	nous	avons	été	nous	allons	être
vous	êtes	vous	avez	été	vous	allez	être
ils/elles	sont	ils/elles	ont	été	ils/elles	vont	être
Imperativ		**[Imparfait]**			**[Futur simple]**		
		j'	étais		je	serai	
sois		tu	étais		tu	seras	
soyons		il/elle/on	était		il/elle/on	sera	
soyez		nous	étions		nous	serons	
		vous	étiez		vous	serez	
		ils/elles	étaient		ils/elles	seront	

5	avoir (haben)							I § 18
Präsens		**Passé composé**			**Futur composé**			
j'	ai	j'	ai	eu	je	vais	avoir	
tu	as	tu	as	eu	tu	vas	avoir	
il/elle/on	a	il/elle/on	a	eu	il/elle/on	va	avoir	
nous	avons	nous	avons	eu	nous	allons	avoir	
vous	avez	vous	avez	eu	vous	allez	avoir	
ils/elles	ont	ils/elles	ont	eu	ils/elles	vont	avoir	
Imperativ		**[Imparfait]**			**[Futur simple]**			
		j'	avais		j'	aurai		
aie		tu	avais		tu	auras		
ayons		il/elle/on	avait		il/elle/on	aura		
ayez		nous	avions		nous	aurons		
		vous	aviez		vous	aurez		
		ils/elles	avaient		ils/elles	auront		

6	**faire** (machen)						I § 16
Präsens		**Passé composé**			**Futur composé**		
je	fais	j'	ai	fait	je	vais	faire
tu	fais	tu	as	fait	tu	vas	faire
il/elle/on	fait	il/elle/on	a	fait	il/elle/on	va	faire
nous	faisons	nous	avons	fait	nous	allons	faire
vous	faites	vous	avez	fait	vous	allez	faire
ils/elles	font	ils/elles	ont	fait	ils/elles	vont	faire
Imperativ		**[Imparfait]**			**[Futur simple]**		
		je	faisais		je	ferai	
fais		tu	faisais		tu	feras	
faisons		il/elle/on	faisait		il/elle/on	fera	
faites		nous	faisions		nous	ferons	
		vous	faisiez		vous	ferez	
		ils/elles	faisaient		ils/elles	feront	

Ebenso: refaire (erneuern, neu machen).

7	**aller** (gehen)						I § 21
Präsens		**Passé composé**			**Futur composé**		
je	vais	je	suis	allé(e)	je	vais	aller
tu	vas	tu	es	allé(e)	tu	vas	aller
il/elle/on	va	il/elle/on	est	allé(e)	il/elle/on	va	aller
nous	allons	nous	sommes	allé(e)s	nous	allons	aller
vous	allez	vous	êtes	allé(e)s	vous	allez	aller
ils/elles	vont	ils/elles	sont	allé(e)s	ils/elles	vont	aller
Imperativ		**[Imparfait]**			**[Futur simple]**		
		j'	allais		j'	irai	
va		tu	allais		tu	iras	
allons		il/elle/on	allait		il/elle/on	ira	
allez		nous	allions		nous	irons	
		vous	alliez		vous	irez	
		ils/elles	allaient		ils/elles	iront	

8	**venir** (kommen)						<I § 56>; II § 6
Präsens		**Passé composé**			**Futur composé**		
je	viens	je	suis	venu(e)	je	vais	venir
tu	viens	tu	es	venu(e)	tu	vas	venir
il/elle/on	vient	il/elle/on	est	venu(e)	il/elle/on	va	venir
nous	venons	nous	sommes	venu(e)s	nous	allons	venir
vous	venez	vous	êtes	venu(e)s	vous	allez	venir
ils/elles	viennent	ils/elles	sont	venu(e)s	ils/elles	vont	venir
Imperativ		**[Imparfait]**			**[Futur simple]**		
		je	venais		je	viendrai	
viens		tu	venais		tu	viendras	
venons		il/elle/on	venait		il/elle/on	viendra	
venez		nous	venions		nous	viendrons	
		vous	veniez		vous	viendrez	
		ils/elles	venaient		ils/elles	viendront	

Ebenso: <tenir> (halten), **[devenir]** (werden), **revenir** (zurückkommen).
Beachte: [devenir] bildet das **Passé composé** mit **être**.

9	**plaire** (gefallen)						II § 19
Präsens		**Passé composé**			**Futur composé**		
je	plais	j’	ai	plu	je	vais	plaire
tu	plais	tu	as	plu	tu	vas	plaire
il/elle/on	plaît	il/elle/on	a	plu	il/elle/on	va	plaire
nous	plaisons	nous	avons	plu	nous	allons	plaire
vous	plaisez	vous	avez	plu	vous	allez	plaire
ils/elles	plaisent	ils/elles	ont	plu	ils/elles	vont	plaire
[Imperativ]		**[Imparfait]**			**[Futur simple]**		
		je	plaisais		je	plairai	
plais		tu	plaisais		tu	plairas	
plaisons		il/elle/on	plaisait		il/elle/on	plaira	
plaisez		nous	plaisions		nous	plairons	
		vous	plaisiez		vous	plairez	
		ils/elles	plaisaient		ils/elles	plairont	

10	**pouvoir** (können)						I § 31
Präsens		**Passé composé**			**Futur composé**		
je	peux	j’	ai	pu	je	vais	pouvoir
tu	peux	tu	as	pu	tu	vas	pouvoir
il/elle/on	peut	il/elle/on	a	pu	il/elle/on	va	pouvoir
nous	pouvons	nous	avons	pu	nous	allons	pouvoir
vous	pouvez	vous	avez	pu	vous	allez	pouvoir
ils/elles	peuvent	ils/elles	ont	pu	ils/elles	vont	pouvoir
Imperativ		**[Imparfait]**			**[Futur simple]**		
		je	pouvais		je	pourrai	
–		tu	pouvais		tu	pourras	
		il/elle/on	pouvait		il/elle/on	pourra	
		nous	pouvions		nous	pourrons	
		vous	pouviez		vous	pourrez	
		ils/elles	pouvaient		ils/elles	pourront	

11	**savoir** (wissen)							I §31
Präsens		**Passé composé**			**Futur composé**			
je	sais	j’	ai	su	je	vais	savoir	
tu	sais	tu	as	su	tu	vas	savoir	
il/elle/on	sait	il/elle/on	a	su	il/elle/on	va	savoir	
nous	savons	nous	avons	su	nous	allons	savoir	
vous	savez	vous	avez	su	vous	allez	savoir	
ils/elles	savent	ils/elles	ont	su	ils/elles	vont	savoir	
Imperativ		**[Imparfait]**			**[Futur simple]**			
		je	savais		je	saurai		
sache		tu	savais		tu	sauras		
sachons		il/elle/on	savait		il/elle/on	saura		
sachez		nous	savions		nous	saurons		
		vous	saviez		vous	saurez		
		ils/elles	savaient		ils/elles	sauront		

12	vouloir (wollen)						I § 31
Präsens		**Passé composé**			**Futur composé**		
je	veux	j’	ai	voulu	je	vais	vouloir
tu	veux	tu	as	voulu	tu	vas	vouloir
il/elle/on	veut	il/elle/on	a	voulu	il/elle/on	va	vouloir
nous	voulons	nous	avons	voulu	nous	allons	vouloir
vous	voulez	vous	avez	voulu	vous	allez	vouloir
ils/elles	veulent	ils/elles	ont	voulu	ils/elles	vont	vouloir
Imperativ		**[Imparfait]**			**[Futur simple]**		
		je	voulais		je	voudrai	
veuille		tu	voulais		tu	voudras	
–		il/elle/on	voulait		il/elle/on	voudra	
veuillez		nous	voulions		nous	voudrons	
		vous	vouliez		vous	voudrez	
		ils/elles	voulaient		ils/elles	voudront	

13	**prendre** (nehmen)						I § 39
Präsens		**Passé composé**			**Futur composé**		
je	prends	j'	ai	pris	je	vais	prendre
tu	prends	tu	as	pris	tu	vas	prendre
il/elle/on	prend	il/elle/on	a	pris	il/elle/on	va	prendre
nous	prenons	nous	avons	pris	nous	allons	prendre
vous	prenez	vous	avez	pris	vous	allez	prendre
ils/elles	prennent	ils/elles	ont	pris	ils/elles	vont	prendre
Imperativ		**[Imparfait]**			**[Futur simple]**		
		je	prenais		je	prendrai	
prends		tu	prenais		tu	prendras	
prenons		il/elle/on	prenait		il/elle/on	prendra	
prenez		nous	prenions		nous	prendrons	
		vous	preniez		vous	prendrez	
		ils/elles	prenaient		ils/elles	prendront	

Ebenso: apprendre (lernen), **comprendre** (verstehen), **[surprendre]** (überraschen).

14	**lire** (lesen)						I § 38
Präsens		**Passé composé**			**Futur composé**		
je	lis	j’	ai	lu	je	vais	lire
tu	lis	tu	as	lu	tu	vas	lire
il/elle/on	lit	il/elle/on	a	lu	il/elle/on	va	lire
nous	lisons	nous	avons	lu	nous	allons	lire
vous	lisez	vous	avez	lu	vous	allez	lire
ils/elles	lisent	ils/elles	ont	lu	ils/elles	vont	lire
Imperativ		**[Imparfait]**			**[Futur simple]**		
		je	lisais		je	lirai	
lis		tu	lisais		tu	liras	
lisons		il/elle/on	lisait		il/elle/on	lira	
lisez		nous	lisions		nous	lirons	
		vous	lisiez		vous	lirez	
		ils/elles	lisaient		ils/elles	liront	

15	**écrire** (schreiben)						I § 38
Präsens		**Passé composé**			**Futur composé**		
j'	écris	j'	ai	écrit	je	vais	écrire
tu	écris	tu	as	écrit	tu	vas	écrire
il/elle/on	écrit	il/elle/on	a	écrit	il/elle/on	va	écrire
nous	écrivons	nous	avons	écrit	nous	allons	écrire
vous	écrivez	vous	avez	écrit	vous	allez	écrire
ils/elles	écrivent	ils/elles	ont	écrit	ils/elles	vont	écrire
Imperativ		**[Imparfait]**			**[Futur simple]**		
		j'	écrivais		j'	écrirai	
écris		tu	écrivais		tu	écriras	
écrivons		il/elle/on	écrivait		il/elle/on	écrira	
écrivez		nous	écrivions		nous	écrirons	
		vous	écriviez		vous	écrirez	
		ils/elles	écrivaient		ils/elles	écriront	

Ebenso: décrire (beschreiben).

16	**ouvrir** (öffnen)						I § 40
Präsens		**Passé composé**			**Futur composé**		
j'	ouvre	j'	ai	ouvert	je	vais	ouvrir
tu	ouvres	tu	as	ouvert	tu	vas	ouvrir
il/elle/on	ouvre	il/elle/on	a	ouvert	il/elle/on	va	ouvrir
nous	ouvrons	nous	avons	ouvert	nous	allons	ouvrir
vous	ouvrez	vous	avez	ouvert	vous	allez	ouvrir
ils/elles	ouvrent	ils/elles	ont	ouvert	ils/elles	vont	ouvrir
Imperativ		**[Imparfait]**			**[Futur simple]**		
		j'	ouvrais		j'	ouvrirai	
ouvre		tu	ouvrais		tu	ouvriras	
ouvrons		il/elle/on	ouvrait		il/elle/on	ouvrira	
ouvrez		nous	ouvrions		nous	ouvrirons	
		vous	ouvriez		vous	ouvrirez	
		ils/elles	ouvraient		ils/elles	ouvriront	

Ebenso: découvrir (entdecken), **[offrir]** (anbieten).

17	boire (trinken)							I § 35
Präsens		**Passé composé**			**Futur composé**			
je	bois	j'	ai	bu	je	vais	boire	
tu	bois	tu	as	bu	tu	vas	boire	
il/elle/on	boit	il/elle/on	a	bu	il/elle/on	va	boire	
nous	buvons	nous	avons	bu	nous	allons	boire	
vous	buvez	vous	avez	bu	vous	allez	boire	
ils/elles	boivent	ils/elles	ont	bu	ils/elles	vont	boire	
Imperativ		**[Imparfait]**			**[Futur simple]**			
		je	buvais		je	boirai		
bois		tu	buvais		tu	boiras		
buvons		il/elle/on	buvait		il/elle/on	boira		
buvez		nous	buvions		nous	boirons		
		vous	buviez		vous	boirez		
		ils/elles	buvaient		ils/elles	boiront		

18	**dire** (sagen)						I §43
Präsens		**Passé composé**			**Futur composé**		
je	dis	j’	ai	dit	je	vais	dire
tu	dis	tu	as	dit	tu	vas	dire
il/elle/on	dit	il/elle/on	a	dit	il/elle/on	va	dire
nous	disons	nous	avons	dit	nous	allons	dire
vous	dites	vous	avez	dit	vous	allez	dire
ils/elles	disent	ils/elles	ont	dit	ils/elles	vont	dire
Imperativ		**[Imparfait]**			**[Futur simple]**		
		je	disais		je	dirai	
dis		tu	disais		tu	diras	
disons		il/elle/on	disait		il/elle/on	dira	
dites		nous	disions		nous	dirons	
		vous	disiez		vous	direz	
		ils/elles	disaient		ils/elles	diront	

19	**mettre** (setzen, stellen, legen)						<I § 58>; II § 4
Präsens		**Passé composé**			**Futur composé**		
je	mets	j’	ai	mis	je	vais	mettre
tu	mets	tu	as	mis	tu	vas	mettre
il/elle/on	met	il/elle/on	a	mis	il/elle/on	va	mettre
nous	mettons	nous	avons	mis	nous	allons	mettre
vous	mettez	vous	avez	mis	vous	allez	mettre
ils/elles	mettent	ils/elles	ont	mis	ils/elles	vont	mettre
Imperativ		**[Imparfait]**			**[Futur simple]**		
		je	mettais		je	mettrai	
mets		tu	mettais		tu	mettras	
mettons		il/elle/on	mettait		il/elle/on	mettra	
mettez		nous	mettions		nous	mettrons	
		vous	mettiez		vous	mettrez	
		ils/elles	mettaient		ils/elles	mettront	

20	**voir** (sehen)						<I § 57>; II § 5
Präsens		**Passé composé**			**Futur composé**		
je	vois	j’	ai	vu	je	vais	voir
tu	vois	tu	as	vu	tu	vas	voir
il/elle/on	voit	il/elle/on	a	vu	il/elle/on	va	voir
nous	voyons	nous	avons	vu	nous	allons	voir
vous	voyez	vous	avez	vu	vous	allez	voir
ils/elles	voient	ils/elles	ont	vu	ils/elles	vont	voir
Imperativ		**[Imparfait]**			**[Futur simple]**		
		je	voyais		je	verrai	
vois		tu	voyais		tu	verras	
voyons		il/elle/on	voyait		il/elle/on	verra	
voyez		nous	voyions		nous	verrons	
		vous	voyiez		vous	verrez	
		ils/elles	voyaient		ils/elles	verront	

Ebenso: revoir (wieder sehen).

21	**pleuvoir** (regnen)						Leçon II 1
Präsens		**Passé composé**			**Futur composé**		
–	–	–	–	–	–	–	–
–	–	–	–	–	–	–	–
il	pleut	il	a	plu	il	va	pleuvoir
–	–	–	–	–	–	–	–
–	–	–	–	–	–	–	–
–	–	–	–	–	–	–	–
Imperativ		**[Imparfait]**			**[Futur simple]**		
		–	–		–	–	
–		–	–		–	–	
		il	pleuvait		il	pleuvra	
		–	–		–	–	
		–	–		–	–	
		–	–		–	–	

22	connaître (kennen)						II § 18
Präsens		**Passé composé**			**Futur composé**		
je	connais	j’	ai	connu	je	vais	connaître
tu	connais	tu	as	connu	tu	vas	connaître
il/elle/on	connaît	il/elle/on	a	connu	il/elle/on	va	connaître
nous	connaissons	nous	avons	connu	nous	allons	connaître
vous	connaissez	vous	avez	connu	vous	allez	connaître
ils/elles	connaissent	ils/elles	ont	connu	ils/elles	vont	connaître
Imperativ		**[Imparfait]**			**[Futur simple]**		
		je	connaissais		je	connaîtrai	
connais		tu	connaissais		tu	connaîtras	
connaissons		il/elle/on	connaissait		il/elle/on	connaîtra	
connaissez		nous	connaissions		nous	connaîtrons	
		vous	connaissiez		vous	connaîtrez	
		ils/elles	connaissaient		ils/elles	connaîtront	

Ebenso: reconnaître (wieder erkennen).

23	**vivre** (leben)							II § 17
Präsens		**Passé composé**			**Futur composé**			
je	vis	j'	ai	vécu	je	vais	vivre	
tu	vis	tu	as	vécu	tu	vas	vivre	
il/elle/on	vit	il/elle/on	a	vécu	il/elle/on	va	vivre	
nous	vivons	nous	avons	vécu	nous	allons	vivre	
vous	vivez	vous	avez	vécu	vous	allez	vivre	
ils/elles	vivent	ils/elles	ont	vécu	ils/elles	vont	vivre	
Imperativ		**[Imparfait]**			**[Futur simple]**			
		je	vivais		je	vivrai		
vis		tu	vivais		tu	vivras		
vivons		il/elle/on	vivait		il/elle/on	vivra		
vivez		nous	vivions		nous	vivrons		
		vous	viviez		vous	vivrez		
		ils/elles	vivaient		ils/elles	vivront		

24	courir (laufen)							II § 14
Präsens		**Passé composé**			**Futur composé**			
je	cours	j'	ai	couru	je	vais	courir	
tu	cours	tu	as	couru	tu	vas	courir	
il/elle/on	court	il/elle/on	a	couru	il/elle/on	va	courir	
nous	courons	nous	avons	couru	nous	allons	courir	
vous	courez	vous	avez	couru	vous	allez	courir	
ils/elles	courent	ils/elles	ont	couru	ils/elles	vont	courir	
Imperativ		**[Imparfait]**			**[Futur simple]**			
		je	courais		je	courrai		
cours		tu	courais		tu	courras		
courons		il/elle/on	courait		il/elle/on	courra		
courez		nous	courions		nous	courrons		
		vous	couriez		vous	courrez		
		ils/elles	couraient		ils/elles	courront		

25	devoir (müssen)						II § 12
Präsens		**Passé composé**			**Futur composé**		
je	dois	j'	ai	dû	je	vais	devoir
tu	dois	tu	as	dû	tu	vas	devoir
il/elle/on	doit	il/elle/on	a	dû	il/elle/on	va	devoir
nous	devons	nous	avons	dû	nous	allons	devoir
vous	devez	vous	avez	dû	vous	allez	devoir
ils/elles	doivent	ils/elles	ont	dû	ils/elles	vont	devoir
Imperativ		**[Imparfait]**			**[Futur simple]**		
		je	devais		je	devrai	
dois		tu	devais		tu	devras	
devons		il/elle/on	devait		il/elle/on	devra	
devez		nous	devions		nous	devrons	
		vous	deviez		vous	devrez	
		ils/elles	devaient		ils/elles	devront	

26	envoyer (schicken)							Leçon II 2
Präsens		**Passé composé**			**Futur composé**			
j'	envoie	j'	ai	envoyé	je	vais	envoyer	
tu	envoies	tu	as	envoyé	tu	vas	envoyer	
il/elle/on	envoie	il/elle/on	a	envoyé	il/elle/on	va	envoyer	
nous	envoyons	nous	avons	envoyé	nous	allons	envoyer	
vous	envoyez	vous	avez	envoyé	vous	allez	envoyer	
ils/elles	envoient	ils/elles	ont	envoyé	ils/elles	vont	envoyer	
Imperativ		**[Imparfait]**			**[Futur simple]**			
		j'	envoyais		j'	enverrai		
envoie		tu	envoyais		tu	enverras		
envoyons		il/elle/on	envoyait		il/elle/on	enverra		
envoyez		nous	envoyions		nous	enverrons		
		vous	envoyiez		vous	enverrez		
		ils/elles	envoyaient		ils/elles	enverront		

27	**recevoir** (empfangen)						II § 13
Präsens		**Passé composé**			**Futur composé**		
je	reçois	j'	ai	reçu	je	vais	recevoir
tu	reçois	tu	as	reçu	tu	vas	recevoir
il/elle/on	reçoit	il/elle/on	a	reçu	il/elle/on	va	recevoir
nous	recevons	nous	avons	reçu	nous	allons	recevoir
vous	recevez	vous	avez	reçu	vous	allez	recevoir
ils/elles	reçoivent	ils/elles	ont	reçu	ils/elles	vont	recevoir
Imperativ		**[Imparfait]**			**[Futur simple]**		
		je	recevais		je	recevrai	
reçois		tu	recevais		tu	recevras	
recevons		il/elle/on	recevait		il/elle/on	recevra	
recevez		nous	recevions		nous	recevrons	
		vous	receviez		vous	recevrez	
		ils/elles	recevaient		ils/elles	recevront	

28	**rire** (lachen)						II § 27
Präsens		**Passé composé**			**Futur composé**		
je	ris	j'	ai	ri	je	vais	rire
tu	ris	tu	as	ri	tu	vas	rire
il/elle/on	rit	il/elle/on	a	ri	il/elle/on	va	rire
nous	rions	nous	avons	ri	nous	allons	rire
vous	riez	vous	avez	ri	vous	allez	rire
ils/elles	rient	ils/elles	ont	ri	ils/elles	vont	rire
Imperativ		**[Imparfait]**			**[Futur simple]**		
		je	riais		je	rirai	
ris		tu	riais		tu	riras	
rions		il/elle/on	riait		il/elle/on	rira	
riez		nous	riions		nous	rirons	
		vous	riiez		vous	rirez	
		ils/elles	riaient		ils/elles	riront	

29	**falloir** (brauchen, müssen)						II § 34
Präsens		**[Passé composé]**			**[Futur composé]**		
–	–	–	–	–	–	–	–
–	–	–	–	–	–	–	–
il	faut	il	a	fallu	il	va	falloir
–	–	–	–	–	–	–	–
–	–	–	–	–	–	–	–
–	–	–	–	–	–	–	–
[Imperativ]		**[Imparfait]**			**[Futur simple]**		
		–	–		–	–	
–		–	–		–	–	
		il	fallait		il	faudra	
		–	–		–	–	
		–	–		–	–	
		–	–		–	–	

Von dem Verb **falloir** hast du bisher die blau hinterlegte Form kennen gelernt.
Alle anderen Formen musst du jetzt noch nicht lernen.

30	**croire** (glauben)						II § 39
Präsens		**Passé composé**			**Futur composé**		
je	crois	j'	ai	cru	je	vais	croire
tu	crois	tu	as	cru	tu	vas	croire
il/elle/on	croit	il/elle/on	a	cru	il/elle/on	va	croire
nous	croyons	nous	avons	cru	nous	allons	croire
vous	croyez	vous	avez	cru	vous	allez	croire
ils/elles	croient	ils/elles	ont	cru	ils/elles	vont	croire
Imperativ		**[Imparfait]**			**[Futur simple]**		
		je	croyais		je	croirai	
crois		tu	croyais		tu	croiras	
croyons		il/elle/on	croyait		il/elle/on	croira	
croyez		nous	croyions		nous	croirons	
		vous	croyiez		vous	croirez	
		ils/elles	croyaient		ils/elles	croiront	

31	**conduire** (fahren, lenken)						II § 45
Präsens		**Passé composé**			**Futur composé**		
je	conduis	j'	ai	conduit	je	vais	conduire
tu	conduis	tu	as	conduit	tu	vas	conduire
il/elle/on	conduit	il/elle/on	a	conduit	il/elle/on	va	conduire
nous	conduisons	nous	avons	conduit	nous	allons	conduire
vous	conduisez	vous	avez	conduit	vous	allez	conduire
ils/elles	conduisent	ils/elles	ont	conduit	ils/elles	vont	conduire
Imperativ		**[Imparfait]**			**[Futur simple]**		
		je	conduisais		je	conduirai	
conduis		tu	conduisais		tu	conduiras	
conduisons		il/elle/on	conduisait		il/elle/on	conduira	
conduisez		nous	conduisions		nous	conduirons	
		vous	conduisiez		vous	conduirez	
		ils/elles	conduisaient		ils/elles	conduiront	

Ebenso: construire (bauen).

32	⟨ **poursuivre** ⟩ (verfolgen, fortfahren)						
Präsens		**[Passé composé]**			**[Futur composé]**		
je	poursuis	j’	ai	poursuivi	je	vais	poursuivre
tu	poursuis	tu	as	poursuivi	tu	vas	poursuivre
il/elle/on	poursuit	il/elle/on	a	poursuivi	il/elle/on	va	poursuivre
nous	poursuivons	nous	avons	poursuivi	nous	allons	poursuivre
vous	poursuivez	vous	avez	poursuivi	vous	allez	poursuivre
ils/elles	poursuivent	ils/elles	ont	poursuivi	ils/elles	vont	poursuivre
[Imperativ]		**[Imparfait]**			**[Futur simple]**		
		je	poursuivais		je	poursuivrai	
poursuis		tu	poursuivais		tu	poursuivras	
poursuivons		il/elle/on	poursuivait		il/elle/on	poursuivra	
poursuivez		nous	poursuivions		nous	poursuivrons	
		vous	poursuiviez		vous	poursuivrez	
		ils/elles	poursuivaient		ils/elles	poursuivront	

Von dem Verb **poursuivre** hast du bisher die blau hinterlegte Form kennen gelernt.
Alle anderen Formen musst du jetzt noch nicht lernen.

33	⟨ **battre** ⟩ (schlagen, besiegen)						
[Präsens]		**Passé composé**			**[Futur composé]**		
je	bats	j’	ai	battu	je	vais	battre
tu	bats	tu	as	battu	tu	vas	battre
il/elle/on	bat	il/elle/on	a	battu	il/elle/on	va	battre
nous	battons	nous	avons	battu	nous	allons	battre
vous	battez	vous	avez	battu	vous	allez	battre
ils/elles	battent	ils/elles	ont	battu	ils/elles	vont	battre
[Imperativ]		**[Imparfait]**			**[Futur simple]**		
		je	battais		je	battrai	
bats		tu	battais		tu	battras	
battons		il/elle/on	battait		il/elle/on	battra	
battez		nous	battions		nous	battrons	
		vous	battiez		vous	battrez	
		ils/elles	battaient		ils/elles	battront	

Von dem Verb **battre** hast du bisher die blau hinterlegte Form kennen gelernt.
Alle anderen Formen musst du jetzt noch nicht lernen.

34	⟨ **se foutre de qn/qc** ⟩ (auf jdn./etw. pfeifen)	
Präsens	**[Passé composé]**	**[Futur composé]**
je m' en fous	j' m' en suis foutu	je vais m' en foutre
tu t' en fous	tu t' en es foutu	tu vas t' en foutre
il/elle/on s' en fout	il/elle/on s' en est foutu	il/elle/on va s' en foutre
nous nous en foutons	nous nous en sommes foutu	nous allons nous en foutre
vous vous en foutez	vous vous en êtes foutu	vous allez vous en foutre
ils/elles s' en foutent	ils/elles s' en sont foutu	ils/elles vont s' en foutre
[Imperativ]	**[Imparfait]**	**[Futur simple]**
	je m' en foutais	je m' en foutrai
fous-t'en	tu t' en foutais	tu t' en foutras
foutons-nous-en	il/elle/on s' en foutait	il/elle/on s' en foutra
foutez-vous-en	nous nous en foutions	nous nous en foutrons
	vous vous en foutiez	vous vous en foutrez
	ils/elles s' en foutaient	ils/elles s' en foutront

Von dem Verb **se foutre de qn / qc** hast du bisher die blau hinterlegte Form kennen gelernt.
Alle anderen Formen musst du jetzt noch nicht lernen.

VERBENLISTE

A			N°
accompagner	begleiten	I 8E	**1a**
acheter	kaufen	I 8	**1c**
adorer	sehr gerne mögen	<I 4Z>; II 1	**1a**
adorer faire qc	sehr gern tun	II 4, 12	
aider	helfen	I 6A	**1a**
aimer	lieben/mögen	I 2	**1a**
aimer faire qc	etw. gerne tun	<I 4Z>; I 6B	
ajouter	hinzufügen	II 5	**1a**
aller	gehen, fahren	I 5E	**7**
aller au cinéma	ins Kino gehen	I 5E	
aller chercher qc	etw. holen	I 6B	
aller chez qn	zu jdm. *(nach Hause)* gehen	I 5E	
aller faire qc	etw. tun werden	I 6E	
s'amuser	sich vergnügen, sich amüsieren	II 7B	**1a**
annoncer	ankündigen	II 5	**1e**
appeler	(an)rufen	<I 5>; II 5	**1b**
s'appeler	heißen	<I 1E>; II 5	
applaudir	Beifall klatschen	II 4	**3b**
apporter	(mit)bringen	II 6E	**1a**
apporter qc à qn	jdm. etw. (mit)bringen	II 6E	
apprendre	lernen	I 6B, 10	**13**
apprendre qc par cœur	etw. auswendig lernen	I 6B, 10	
[appuyer]	drücken	I 8Z	**1g**
arrêter	anhalten, festnehmen	I 5	**1a**
arrêter de faire qc	aufhören, etw. zu tun	II 1,5	
arriver	(an)kommen	I 4	**1a**
qc arrive à qn	etw. geschieht jdm., etw. passiert jdm.	II 7A	
attacher	(fest)binden	I 4	**1a**

VERBENLISTE

[attaquer]	angreifen	II 9	**1a**
attendre	warten, erwarten	I 8	**2**
attraper	(ein)fangen, erwischen	I 5	**1a**
[avancer]	vorankommen	II 8B	**1e**
avoir	haben	I 4	**5**
avoir besoin de qc	etw. brauchen	<I 8Z>; II 7A	
avoir besoin de faire qc	etw. tun müssen	<I 8Z>	
avoir douze ans	zwölf Jahre alt sein	I 4	
avoir envie	Lust haben	I 4	
avoir envie de faire qc	Lust haben, etw. zu tun	I 6B	
avoir faim	Hunger haben	I 8	
avoir horreur de qc	etw. verabscheuen, etw. nicht ausstehen können	II 4	
avoir le coup de foudre pour qn/qc	sich auf den ersten Blick in jdn. verlieben	II 3A	
avoir mal	Schmerzen haben	II 3B	
avoir peur	Angst haben	I 4	
avoir peur de faire qc	Angst haben, etw. zu tun	I 6B	
[avoir raison]	Recht haben	II 9	
avoir rendez-vous	eine Verabredung/ einen Termin haben	I 4, 3	
avoir soif	Durst haben	II 5	
avoir un chat dans la gorge	einen Frosch im Hals haben *(Redensart)*/ einen rauen Hals haben	I 6B	
en avoir marre de qc	von etw. die Nase voll haben *(ugs.)*	II 4	

B

<battre>	schlagen, besiegen	II 9, 8	**33**
boire	trinken	I 7	**17**
boire à qc	auf etw. trinken/anstoßen	I 7	
bouger	sich bewegen	I 6A	**1f**

bousculer	anrempeln	I 5	**1a**

C

cacher	verstecken	II 7B	**1a**
se cacher	sich verstecken	II 7B	
[**capituler**]	sich ergeben, kapitulieren	II 9, 8	**1a**
changer	wechseln	I 7	**1f**
changer de qc	etw. wechseln	II 1	
changer de train	umsteigen, den Zug wechseln	I 7E	
chanter	singen	I 7	**1a**
chercher	suchen	I 2E	**1a**
aller chercher qc	etw. holen	I 6B	
[venir chercher qn]	jdn. abholen kommen	I 9B	
choisir	wählen, aussuchen	II 4	**3b**
classer	einordnen	II 1, 6	**1a**
[**cliquer**]	klicken	II 4, Z	**1a**
coller	(an)kleben	I 2	**1a**
commencer	anfangen	I 8	**1e**
commencer à faire qc	anfangen, etw. zu tun	<II 1Z>; II 2, 3	
communiquer avec qn	mit jdm. kommunizieren, Nachrichten austauschen	II 6E	
comprendre	verstehen	I 8	**13**
compter	zählen	I 4, 2	**1a**
conduire	fahren; führen	II 7B	**31**
connaître	kennen	II 3A	**22**
ne rien connaître à qc	nichts von etw. verstehen	II 3A	
construire	bauen	II 7B	**31**
contacter	in Verbindung treten	II 7E	**1a**
continuer	weitermachen, fortfahren	I 8	**1a**
continuer à faire qc	etw. weitermachen; fortfahren, etw. zu tun	II 4	
copier	kopieren, abschreiben	II 6, 6	**1a**
couper	schneiden	I 6B	**1a**
courir	laufen, rennen	II 2	**24**

[**coûter**]	kosten	II 7Z	**1a**
crier	schreien	I 4	**1a**
croire	glauben	II 6	**30**

D

danser	tanzen	II 2E	**1a**
débuter	anfangen, Anfänger sein.	I 4	**1a**
découvrir	entdecken	II 7B	**16**
décrire	beschreiben	II 7A, 5	**15**
demander	fragen	I 6A	**1a**
demander à qn de faire qc	jdn. darum bitten, etwas zu tun	II 4, 6	
demander à qn si	jdn. fragen, ob	I 8	
demander qc à qn	jdn. etwas fragen	I 6A	
déménager	umziehen	II 1	**1f**
descendre	hinuntergehen, aussteigen	II 2E	**2**
désirer	wünschen	I 8	**1a**
dessiner	zeichnen	I 2	**1a**
détester	verabscheuen, überhaupt nicht mögen	II 4	**1a**
[**devenir**]	werden	II 8A	**8**
[**deviner**]	erraten	II 8A, 8	**1a**
devoir	müssen	II 2	**25**
devoir faire qc	etw. tun müssen	II 2	
dire	sagen	I 8	**18**
Ça te dit?	Hast du Lust dazu?/ Sagt dir das zu?	II 3B	
dire à qn que …	jdm. sagen, dass …	I 8	
dire qc à qn	jdm. etw. sagen	I 8	
dire qc dans sa barbe	etw. undeutlich sagen	II 7A	
discuter	sich unterhalten/ diskutieren	I 3A	**1a**
se disputer	sich streiten	II 7B	**1a**
se disputer avec qn	sich mit jdm. streiten	II 7B	
donner	geben	I 6A	**1a**

donner qc à qn	jdm. etw. geben	I 6A	
dormir	schlafen	<I 9A>; II 1	**3a**

E

écouter	zuhören	I 3B	**1a**
écrire	schreiben	7	**15**
s'éloigner	sich entfernen	II 7B	**1a**
embrasser	küssen, umarmen	<I 9A>; II 1E	**1a**
[**emporter**]	mitnehmen	I 9B	**1a**
énerver	aufregen	II 2	**1a**
entendre	hören	I 8	**2**
entrer	eintreten/betreten/ hereinkommen	I 2	**1a**
entrer dans qc	eintreten/betreten/ hereinkommen	I 2	
envoyer	schicken	II 2	**26**
envoyer qc à qn	jdm. etw. schicken	II 2	
[**espérer**]	hoffen	II 9	**1d**
être	sein	I 3A	**4**
être en retard	sich verspäten	II 2	
être en train de faire qc	gerade etw. tun	II 4	
être né(e)	geboren werden	II 5	
qn est désolé	es tut jdm. leid	II 2	
qc est nul/nulle *(fam.)*	etw. ist blöd, bringt's nicht *(ugs.)*	II 2	
éviter	vermeiden	I 7, 17	**1a**
expliquer	erklären	I 8	**1a**
expliquer qc à qn	jdm. etw. erklären	I 8	
[**exploser**]	explodieren; *(hier)* ausbrechen	I 8Z	**1a**

F

[**fabriquer**]	herstellen	II 9E	**1a**
faire	machen	I 4E	**6**

faire attention	aufpassen/acht geben	I5	
faire demi-tour	wenden, umdrehen	II 7A, 6	
faire du sport	Sport treiben	I 4E	
faire la tête *(fam.)*	schmollen, sauer sein *(ugs.)*	II 2	
faire les courses *(f.) (pl.)*	einkaufen	II 5E	
faire les magasins *(fam.)*	die Geschäfte abklappern *(ugs.)*	II 3B	
faire peur à qn	jdm. Angst machen	II 5	
il fait beau	es ist schönes Wetter	II 1	
il fait chaud	es ist warm/heiß	<I 9A>; II 1	
il fait trente degrés	es sind 30 Grad	II 1	
sans rien faire	ohne etw. zu tun	II 7B	
falloir	brauchen, müssen	II 5	**29**
il faut faire qc	man muss etw. tun	II 5	
il faut qc	man braucht etw.	II 5	
il faut qc à qn	jd. braucht etw.	II 5	
[il faut que]	man muss; es ist nötig, dass	II 9	
[fermer]	schließen	II 8A	**1a**
[fêter]	feiern	II 9	**1a**
finir	beenden	II 4	**3b**
<se foutre de qn/ de qc>	auf jdn./etw. pfeifen *(ugs.)*	II 9, 9	**34**
[qn se fout de qc *(fam.)*]	etw. ist jdm. schnuppe *(ugs.)*	II 9, 9	

G

gagner	gewinnen; verdienen	II 6	**1a**
[garder]	behalten	II 8B	**1a**
goûter	probieren, kosten	II 5	**1a**
grimper	klettern	I 4	**1a**

H

habiter	wohnen	I 3E	**1a**

VERBENLISTE

I

imaginer	sich (aus)denken	II 1,1	**1a**
imiter	nachahmen	II 3A	**1a**
indiquer	anzeigen, eine Angabe machen	II 4, 5	**1a**
indiquer qc à qn	jdm. etw. anzeigen, jdm. eine Angabe machen	II 4, 5	
installer	aufstellen, installieren	II 6	**1a**
intéresser	interessieren	II 2	**1a**
[s'intéresser à qc]	sich für etw. interessieren	II 8A	
[**interroger**]	befragen	II 8Z	**1f**
[**inventer**]	erfinden	II 9E	**1a**
inviter	einladen	I 6B, 4	**1a**

J

jouer	spielen	I 3A	**1a**
jouer à	spielen *(Spiel)*	I 7	
jouer de	spielen *(Instrument)*	I 7	

L

[**lever**]	heben	II 9Z	**1c**
se lever	aufstehen; sich erheben, (Wind) aufkommen	II 7B	
lire	lesen	I 7	**14**

M

manger	essen	I 6A	**1f**
manquer	fehlen	II 5	**1a**
il manque qc	es fehlt etw.	II 5	
marcher	gehen, laufen; funktionieren	II 2	**1a**
[**se marier**]	heiraten	II 9	**1a**
[se marier avec qn]	jdn. heiraten	II 9	
marquer	markieren/anzeigen; *(hier)* schreiben	I 2	**1a**
[**mélanger**]	mischen	II 8B	**1f**

mettre	legen, setzen, stellen; anziehen	<I 9B>; II 1	**19**
mettre la table	den Tisch decken	II 1	
mettre qc en relief	etw. hervorheben	II 7A, 4	
monter	steigen, einsteigen	I 5	**1a**
montrer	zeigen	II 4E	**1a**
montrer qc à qn	jdm. etw. zeigen	II 4E	
[**se moucher**]	sich schnäuzen, sich die Nase putzen	I 8Z	**1a**

O

[**offrir**]	anbieten	I 8Z	**16**
organiser	organisieren	I 8E	**1a**
oublier	vergessen	I 6B	**1a**
ouvrir	öffnen	I 7	**16**

P

parler	sprechen	I 6A	**1a**
parler à qn	mit jdm. sprechen, zu jdm. sprechen	I 6A	
parler de qc	über etw. sprechen	II 3B	
[parler l'arabe]	Arabisch sprechen	I 9A	
Tu parles! *(fam.)*	von wegen *(ugs.)*	II 6	
partir	weggehen, abfahren	< 9A>; II 1	**3a**
[partir en vacances]	in die Ferien/ in den Urlaub fahren	I 9E	
passer	vorbeigehen, -fahren, -kommen; laufen/ spielen (im Radio)	<I 8Z>; II 1	**1a**
[passer ses vacances]	seine/ihre Ferien verbringen	I 9E	
se passer	geschehen, sich ereignen	II 7B	
payer	bezahlen	I 8	**1g**
penser	denken	II 3B	**1a**
penser à qn	an jdn. denken	II 3B	
perdre	verlieren	II 2	**2**

VERBENLISTE

[**pique-niquer**]	ein Picknick machen	II 7Z	**1a**
plaire	gefallen	<I 5>; II 3A	**9**
plaire à qn	jdm. gefallen	II 3A	
pleurer	weinen	II 7A	**1a**
pleuvoir	regnen	II 1	**21**
porter	tragen	I 7	**1a**
poser	setzen/stellen/legen	I 2	**1a**
[**poursuivre**]	*(hier)* fortfahren	II 8Z	**32**
pouvoir	können	I 6B	**10**
pouvoir faire qc	etw. tun können	I 6B	
préférer	vorziehen, lieber mögen	II 5	**1d**
préférer faire qc	etw. lieber tun	II 5	
prendre	nehmen	I 7	**13**
prendre des notes	Notizen machen	II 2, 2	
préparer	vorbereiten	I 4	**1a**
présenter	vorstellen	II 4	**1a**
présenter qc à qn	jdm. etw. vorstellen	II 4	
[**profiter**]	(aus)nützen	II 1Z	**1a**
[profiter de qc]	etw. (aus)nützen	II 1Z	
se promener	spazieren gehen	II 7B	**1c**
[**proposer**]	vorschlagen	II 8B	**1a**

Q

quitter	verlassen	I 2	**1a**

R

raconter	erzählen	I 3A	**1a**
ramasser	aufheben/einsammeln	I 2	**1a**
ranger	aufräumen	II 5E	**1f**
rater	verpassen	II 4	**1a**
[**réagir**]	reagieren	II 8Z	**3b**
recevoir	empfangen	II 2	**27**
reconnaître	wieder erkennen	II 3A	**22**
refaire	erneuern, neu machen, noch einmal machen	II 3A	**6**
réfléchir	nachdenken, überlegen	II 4	**3b**

reflexive Verben		II 7B	**1a***
regarder	sehen/ansehen/ betrachten	I 2E	**1a**
[**remercier**]	bedanken	<I 9A>; II 9	**1a**
rencontrer	treffen, begegnen	I 8E	**1a**
rentrer	heimgehen, heimkommen	II 1,2	**1a**
répéter	wiederholen	<I 8, 14>; II 5, 2	**1d**
répondre	antworten	I 8	**2**
répondre à qn	jdm. antworten	I 8	
[**réserver**]	reservieren	<II 7Z>; II 9	**1a**
respecter	achten	I 2	**1a**
rester	bleiben	I 3A	**1a**
retrouver	wieder finden	II 2	**1a**
réussir	gelingen, fertigbringen	II 4	**3b**
réussir à faire qc	gelingen, etw. zu tun; etw. fertigbringen	II 4	
revenir	zurückkommen	II 1	**8**
rêver	träumen	I 3A	**1a**
rêver de qc	von etw. träumen	I 3A	
revoir	wiedersehen	II 3A	**20**
rigoler	lachen *(ugs.)*	I 8	**1a**
rire	lachen	II 4	**28**

S

s'/se + Verb	reflexive Verben	II 7B	**1a***
saluer	(be)grüßen	II 3E	**1a**
savoir	wissen	I 6B	**11**
[**se sentir**]	sich fühlen	II 1Z	**3a**
signer	unterschreiben	II 1	**1a**
sonner	klingeln	I 3B	**1a**
sortir	hinausgehen, hinausfahren; ausgehen	<I 9A>; II 1	**3a**

sortir de qc	(aus etw.) hinausgehen, hinausfahren; ausgehen	<I 9A>; II 1	
[surprendre]	überraschen	II 8Z	**13**

T

téléphoner	telefonieren	I 3A	**1a**
téléphoner à qn	mit jdm. telefonieren/ jdn. anrufen	I 3A	
<tenir>	halten *(hier nur in „Tiens!“ bzw. „Tenez!“: Sieh mal da!/Na sowas!)*	I 1	**8**
[terminer]	beenden	I 9B	**1a**
tomber	fallen	<I 8Z>; II 2	**1a**
[tomber malade]	krank werden	II 8A	
tourner	abbiegen, drehen	I 5	**1a**
tourner qc	etw. drehen	I 6A	
travailler	arbeiten	I 4, 12	**1a**
travailler sur qc	etw. erarbeiten, an etw. arbeiten	II 5, 13	
traverser	überqueren	I 5	**1a**
[trembler]	zittern	II 9Z	**1a**
tricher	mogeln; *(hier)* abschreiben	II 4, Z	**1a**
trouver	finden	I 2E	**1a**
se trouver	sich befinden	II 7B	
[tuer]	töten, umbringen	II 9	**1a**

V

vendre	verkaufen	I 8	**2**
venir	kommen	<I 9B>; II 1	**8**
[venir chercher qn]	jdn. abholen kommen	I 9B	
venir de faire qc	gerade etw. getan haben	II 4	
[venir voir qn]	jdn. besuchen (kommen)	II 9	
visiter	besichtigen	I 3A	**1a**

vivre	leben	<II 1Z>; **23**
		II 3E
voir	sehen	<I 9B>; **20**
		II 1
[venir voir qn]	jdn. besuchen (kommen)	II 9
voler	stehlen	I 5A ... **1a**
voter	wählen,	II 4, Z.. **1a**
	seine Stimme abgeben	
vouloir	wollen	I 6B ... **12**
vouloir faire qc	etw. tun wollen	I 6B

LÖSUNGEN

Leçon 1

1.

je	mets, viens, vois
tu	mets, viens, vois
il/elle/on	met, vient, voit
nous	mettons, venons, voyons
vous	mettez , venez, voyez
ils/elles	mettent, viennent, voient

2. **a)** J'ai pris mon vélo pour aller à l'école. **b)** Est-ce que vous avez compris la colère de Valentin? **c)** Les Carbonne ont cherché une maison avec un jardin. **d)** Victor et moi avons fait du roller devant l'Arche de la Défense. **e)** Malika a su que les Carbonne déménagent à Toulouse.
3. **a)** dorment; **b)** part; **c)** sortons; **d)** sors; **e)** avez dormi; **f)** pars.

Leçon 2

1. **a)** nous; vous; **b)** t'; m'; **c)** nous; vous; **d)** m'; nous.
2. **a)** Valentin est venu, parti, arrivé; **b)** Emma et Cécile sont allées, tombées, rentrées; **c)** les Carbonne sont montés, descendus, sortis; **d)** Manon est revenue, restée, entrée.
3. **a)** est partie; **b)** sont restés; **c)** est revenue; **d)** sont sortis; **e)** sont descendues; **f)** est entré.
4. **a)** Dimanche, Emma a dû faire ses devoirs. **b)** Malika et Victor ont reçu une lettre de Toulouse. **c)** J'envoie à mes amis un CD du groupe Zebda./J'envoie un CD du groupe Zebda à mes amis. **d)** Valentin et Manon doivent aider M. Carbonne dans la cuisine./ M. Carbonne doit aider Valentin et Manon dans la cuisine. **e)** Manon et Emma ont couru dans les escaliers. **f)** Vous courez toujours pour prendre le train. **g)** Nous envoyons des photos de Toulouse à Victor. **h)** Je ne reçois jamais de paquets.

LÖSUNGEN

Leçon 3

1. **a)** le; le; la; les; **b)** l'; les; **c)** la; l'.
2. **a)** Toulouse est une ville que je ne connais pas. Paris est une ville qui me plaît beaucoup. **b)** Les Gentilli sont des gens qui ont vécu en Italie. **c)** Cécile et Samira sont des filles qui me plaisent. **d)** Samira et moi sommes des sœurs qui vivons à Toulouse depuis 10 ans. **e)** Thomas est un ami que Emma et Malika ont connu au collège.
   f) Fabien est un garçon que nous connaissons depuis 5 ans. **g)** C'est la maison qui vous a plu? **h)** Victor est un copain qui vit dans ma rue.
3. Allô Malika,
   Ça va? Moi, ça va bien. J'**ai connu (1)** une fille au collège, Cécile. Elle est géniale! Est-ce que je t'**ai dit (2)** que son frère s'appelle Fabien? Il **me (3)** plaît! Je **le (4)** regarde jouer au rugby après l'école. Samedi, nous **sommes allés (5)** au cinéma ensemble. Ma mère n'a pas voulu mais j'**ai discuté (6)** avec elle et elle **a dit (7)** oui! Mais dimanche, j'**ai dû (8)** faire mes devoirs. Elle ne **me (9)** comprend pas toujours, ma mère. Toi, tes parents, tu **les (10)** comprends?
   Bises, Emma

Leçon 4

1. **rire:** je ris, tu ris, il/elle/on rit, nous rions, vous riez, ils/elles rient, Passe composé: j'ai ri.
2. **a)** Nous venons de terminer nos devoirs. **b)** La classe est en train de présenter Cécile. **c)** Vous allez faire un exposé sur les araignées. **d)** Les élèves du Sénégal viennent de regarder la vidéo.
3. **a)** finissent; **b)** applaudit; **c)** n'ai pas réussi; **d)** choisis; **e)** réfléchissons; **f)** finissez.
4. **a)** Tu lui as présenté Fabien. **b)** Cécile et moi leur montrons notre exposé. **c)** Les élèves du collège leur écrivent. **d)** Je lui ai téléphoné. **e)** Vous leur avez demandé d'aller au cinéma

LÖSUNGEN

Leçon 5

1. **a)** préfères; **b)** répéter; **c)** appellent; **d)** avons préféré; **e)** appelle; **f)** répète.
2. **a)** Il lui faut un cadeau. **b)** Il vous faut un vélo. **c)** Il me faut de l'eau. **d)** Il nous faut un ordinateur. **e)** Il te faut de la baguette. **f)** Il ne faut pas courir!
3. j'en ai acheté; il nous en faut; je n'en ai pas; en a; j'en apporte.
4. Chère Malika,
   Demain, c'est l'anniversaire de Cécile. Mais elle **n'a invité personne (1)** et elle n'a rien préparé. Elle **n'aime pas du tout les anniversaires (2)**. Alors, Fabien et moi préparons un gâteau. Pour le gâteau, **il nous faut (3) du (4)** sucre, **des (5)** œufs, **de la (6)** farine, **du (7)** beurre et **du (8)** chocolat. Nous avons **appelé (9)** tous les amis de Cécile. Il ne manque personne!
   Amicalement, Emma

Leçon 6

1. **a)** Appelle-le. **b)** Ecoute-moi. **c)** Demande-lui. **d)** Achète-la. **e)** Regarde-toi.
2. **a)** Emma, tu veux aller au cinéma? **b)** Je ne peux pas aller au cinéma. **c)** Pourquoi? **d)** Parce que je suis malade. **e)** C'est nul! **f)** Tu peux me téléphoner après le cinéma? **g)** Oui. Je t'apporte un CD demain./Demain, je t'apporte un CD.
3. **a)** Nicolas demande à Fabien s'il aime le groupe. **b)** Je dis à ma sœur que je l'appelle sur mon portable. **c)** Cécile demande à Emma si elle peut l'aider. **d)** La mère de Fabien dit qu'elle les attend devant le Capitole.
4. **a)** ONCYORS croyons — **e)** RICONET croient
   b) SA ECIPO as copié — **f)** SVONA URC avons cru
   c) NGAZGE gagnez — **g)** PNOCISO copions
   d) POSECU coupes — **h)** ICORT croit

LÖSUNGEN

Leçon 7

1. **a)** vous vous levez; **b)** il/elle/on se lève; **c)** je me lève; **d)** ils/elles se lèvent; **e)** nous nous levons; **f)** tu te lèves.
2. **a)** se sont disputés; **b)** ne me suis pas éloignée; **c)** nous sommes cachés; **d)** s'est levée; **e)** ne vous êtes pas promenés; **f)** t'es amusé.
3. **a)** conduit; se disputent; se passe; ne vous amusez pas; conduisons; conduisez. **b)** a construit; s'est cachée; s'est amusée; n'ont pas ri.

[Leçon 8]

1. **être:** j'étais, tu étais, il/elle/on était, nous étions, vous étiez, ils/elles étaient.
2.

a)	devenir:	tu	devenais
b)	mélanger:	elles	mélangeaient
c)	pleuvoir:	il	pleuvait
d)	perdre:	je	perdais
e)	prendre:	vous	preniez
f)	connaître:	tu	connaissais
g)	finir:	nous	finissions
h)	faire:	elle	faisait
i)	croire:	ils	croyaient
j)	falloir:	il	fallait

3. **a)** est tombé; **b)** parlaient; a posé; **c)** j'étais; vivais; j'allais; **d)** a reçu; s'appellait; **e)** sommes devenues; **f)** ont proposé; étaient; a demandé; a écouté; préparait; a surpris; ne savais pas; aimais.

[Leçon 9]

1. **a)** M. Carbonne, travaille-t-il pour Airbus? **b)** Veux-tu une glace? **c)** Avons-nous les billets? **d)** Emma, aime-t-elle sa nouvelle école?